Margrit Irgang
Blicke

Margrit Irgang

Blicke

Erzählungen

Piper
München Zürich

Gefördert vom
Deutschen Literaturfonds e.V.

ISBN 3-492-03159-5

Gesetzt aus der Baskerville-Antiqua
Satz: Uhl + Massopust, Aalen
Druck und Bindung: Wiener Verlag
Printed in Austria

Ein Auge welches sieht
– sonderbarer Blick –
das andere welches fühlt

Paul Klee

Blicke

Der Morgen in der Stadt ist eine Auferstehung. Aus dem Schlaf erhebt sich der Lärm; von den Amseln gefeiert, treten die Lebenden aus den Häusern. Auch in der vergangenen Nacht hat der Tod nicht über Gebühr gesiegt. Die Gläubigen hasten zum Segen, und die Glocken mahnen sie. Sie tragen ihre Träume die Treppen empor zur Beichte, und vor den Altären steht ihr Flüstern: Vater. Unser der du bist. Und ein weiteres letztes Mal wird ihnen verziehen, und sie tragen die leicht und harmlos gewordenen Träume hinunter ins Leben. Zum Himmel steigt der Klang der Orgel. Von der Suche nach Wundern, nicht gebeichtet, sind sie dennoch befreit. Blicklos eilen sie unter betauten Bäumen davon.

In dieser wie in jeder Stadt wird unablässig gestorben. Das lange und häufige Sterben füllt die Menschen langsam an mit ihrem Tod. Er ist das Schwerste oder das Leichteste in ihnen. Manche sinken zur Erde, wenn ihr Todesspiegel steigt. Manche scheinen fliegen zu können. Nur, wer viele Male gestorben ist, verwirft die Erwartung und versteht, und das Sterben wird ausgeteilt und aufgehalten von einem Blick.

Die Brücken scheinen bewacht zu sein, den Brücken wird getraut. Es sind Diana, Minerva und Mars, die steinern auf den Brüstungen stehen, aber die Bilder der Götter sind Kopie. Zu ihren Füßen fügt sich der Fluß der Unverrückbarkeit der Wiesen, wirft die mitgebrachten Steine an Land und schafft sich neue eigene Ufer. Ruhig führt er sein beispielhaftes Leben, von Möwen gesäumt. Wo man ihm die Wasser gestaut hat, bricht er unmutig in die Tiefe; danach schäumt er noch lange lärmend und schenkt die Fische nicht mehr her. Manchmal kauert ein Mensch auf der Brüstung, an den Götterfuß geklammert, und sieht in die Empörung des Wassers wie in den einzig sinnvollen Weg. Wer dort oben losläßt und fällt, wird erst nach Tagen und an anderem Ort geborgen, ausgeworfen vom Fluß wie die Gräser, die Äste und der Müll.

Hinter den Fenstergittern der Anstalt zum Heiligen Georg stehen die Traurigen. Ihre Familien haben sich von ihnen befreit, weil die Traurigkeit eine Droge ist, der man, wenn man nicht stark ist, für immer verfällt. Es sind die Schwachen hinter den Fenstern, und die unten vorübergehen, sehen nicht hoch. Oben stehen sie zu mehreren und erkennen einander nicht und betrachten versunken die Welt, die ihnen erspart bleibt. Ein Tag schickt ihnen Regen ans Fenster, ein anderer eine Taube. Still nehmen sie die Geschenke an, sie sind nicht wählerisch, und vielleicht ist dies ein Augenblick des schweren und ernsten Glücks, für das ein Lächeln als Ausdruck furchtbar wäre, furchtbarer als ein Schrei.

Die Stadt hat zwei Bahnhöfe für die Abfahrenden, für die Ankommenden nur einen. Denn nur auf diesem stehen die Müßigen, die immer etwas erwarten, und sei es einen unbekannten Reisenden. Wer hier nicht empfangen wird, wird immerhin gesehen. Abfahren aber soll man allein. Man läßt an jedem Ort Schuld zurück. Man muß nicht auch noch mit Winken werfen. Unter dem Neon in der Kammer der sanften Schwestern der Caritas finden sich die Verlorenen ein. Sie sind sich zwischen fremden Winken abhanden gekommen. Auf einer Pritsche liegend, sehen sie lange ins weiße Licht. Das Verlorene ist kein Verlust, nur ein Schritt auf dem Weg in die Leichtigkeit. Die schwarzbeflügelten Engel des Bahnhofs spenden Kaffee. Ihre Betrübnis ist unüberwindbar und gilt ihren eigenen Herzen. Denn wer ein Fremder ist vor dem Menschen, hat zu schweigen, wo er nicht liebt. Schweigend verrichten die Schwestern ihr Dasein, überwältigt von der Größe der Wahrheit, die zu leben sie zu gering sind.

Im Schutz der Höfe lebt das Verletzbare, das von innen nach außen Gekehrte. Tore und unbeleuchtete Gänge bewachen die Paradiese der schlafenden Alten, der Liebespaare und der aufgehängten Wäsche. Auch hier muß geschwiegen werden von denen drinnen und den draußen. Ein fremder lauter Blick am falschen Ort ist ein Mörder der Einsamkeit. So sterben viele vor ihrer Zeit. Offener liegen die Gärten da. Aber bei der Umarmung der Pflanzen zu sein ist gut, auch wenn sie dem Menschen nicht gilt. Auf den Plätzen sitzt man geschützt auf Brunnenrändern. Das Wasser, vom Kreislauf des Steigens und Sinkens alt geworden, löscht keinen Durst, aber wiegt die Angst in den Schlaf. Hin und wieder fallen die Tauben rauschend von den Dächern; dann steht einer königlich auf dem Platz, Zentrum des Taubenuniversums. Immer ist es ein Einzelner oder ein Kind, der bei den Tauben das Brot eintauscht gegen eine kurze und heftige Zuwendung. Wenn sie aufgestiegen sind, eine haushohe Welle ohne Rückfall, steht der Mensch betäubt und lauschend und faltet umständlich die Tüte. Als welcher er sich nun wiederfindet nach so viel Begegnung, bleibt sein Geheimnis. Aber noch jeder hat den Platz verlassen, als wüßte er, wohin er geht.

Eines Tages ist jemand unterwegs auf den Straßen und fühlt sich in leichter und zu nichts verpflichtender Weise berührt und fragt sich wovon. Etwas hält ihn und hebt ihn heraus aus dem Allgemeinen. Der ist gesehen worden. Er steht, die eine Ausnahme, in dem ihm zugefallenen Zustand, und sieht: um ihn wird überall gestorben. Da nimmt er den Nächsten in den Blick, vielleicht, um nicht alle ertragen zu müssen. Dies sind kleinste Erlösungen in dem Netz von Blicken, das die Straßen durchzieht.

Die Stadt hat mehrere Orte für den Tod, an denen geklagt werden darf. Die unvollendeten Toten sind aufgebahrt zwischen Blumen wie Gestorbene, bedrängt von der Zuneigung der Bleibenden wie kaum ein Lebender. Mit der Geduld aller großen Schweiger bieten sie sich ein letztes Mal an für die Sehnsucht, aber wer könnte sagen, ob der die ewige Ruhe findet, den ein Lebender nicht in den Tod entläßt. Auf den Beerdigungen regiert der trügerische Trost der Worte und Umarmungen. Wo getröstet wird, kann nicht gestorben werden. Die zurückgeblieben sind, stehen später versunken an den Gräbern und glauben sich in unsichtbarer Begleitung ihrer Toten. Und vielleicht sind sie wirklich beschützt, und dieser Schutz ist ein quälender Aufschub für ihren Tod und verwehrt ihnen, dem Beschützer zu folgen.

In den Bussen am frühen Abend steht der Einzelne dem Einzelnen unerträglich nahe. Wer für seine Hand keinen Platz zum Anhalten findet, muß sich auf die Festigkeit von fremden Körpern verlassen. Die Blicke sind über allen Köpfen an der Buswand abgelegt. Mancher bleibt nach dem Aussteigen vor einer Fensterscheibe stehen und ordnet seine Haare, um einmal gesehen zu werden, wenn auch nur von sich selbst. Wer die Abendstraßen nicht wagt, sieht aus dem Fenster. Im Rahmen, auf ein Kissen gestützt, erhält er sich länger. Manchmal fängt er dort oben zu schreien an, und nie wird man erfahren, ob er um sich schreit oder um andre. Manchmal hebt auch einer die Hand und winkt allen, weil er keinen kennt, und nimmt teil an der Welt im Ausschwingen seiner Güte. Aber die sind gezählt. Denn man braucht ein Leben oder viele, um das Gesetz zu begreifen: Daß man für sich nichts wünschen darf, aber alles für andere wünschen muß.

Gleichförmig füllt die Nacht die Stadt und hat keinen Himmel. Über die Dächer steigen die

Katzen unhörbaren Rufen nach. Die Einzelnen sind bei Einbruch der Dunkelheit paarweise aneinander gestrandet. Sie sind sehr sanft in ihrem nervösen Dulden des andern und fühlen sich von ihm gehalten. In den Bars sehen sie fast wie Liebende aus, als wären sie von etwas erfüllt, das sie weitergeben wollen, vielleicht von einer Beruhigung. Aber schon wieder wissen sie nicht wohin mit ihren Körpern und lehnen sich aneinander in Ermangelung einer Wand.

Es ist die Nacht die Probe aufs Leben. Die Schlafenden tragen kleine Stücke ihres Todes ab. Sie arbeiten am Tag, bis er verstanden ist oder angenommen, ein Wort in ihrer Biografie. Vielleicht ist einer unter ihnen, der schneller träumt als stirbt: er käme aus jeder Nacht jünger heraus. Die Schlaflosen gehen in ihren Räumen umher, um die Dunkelheit daran zu hindern, sich an ihnen festzusetzen. Das Licht hinter ihren Fenstern ist das Zeichen für den, der wacht. Denn einen muß es geben, der über sie wacht mit seinen Gedanken. Sie kämen anders nicht an im Morgen.

Aber wer wacht über den Wächter.

Schöne weiße Wolken

Der Sohn steht vor dem Gartenzaun und blickt den Hang hinauf.

Dort oben, sagt der Sohn, dort oben ist mein Haus.

Quietschend verkünden die Angeln seine Schuld: er hätte sie ölen sollen. Dennoch scheint die Sonne. Er ist beschämt vor Dankbarkeit für diese Sonne, die ihm ohne sein Zutun gelang. Die Mutter steht unten an der Treppe und starrt hinauf.

Das alles zu Fuß, sagt sie.

Es sind zweiundachtzig Stufen, sagt der Sohn.

Weil er nicht lügen kann. Zwanzig zu ihren und seinen Gunsten unterschlagene Stufen läse sie ab von ihm wie von einer Tafel. Er sieht in das winzige Gesicht, in dem so viel Überdruß Platz hat.

Daß du mich einmal besuchst, sagt er.

So hoch oben, sagt sie. So hoch oben.

Ihr Koffer in seiner Linken ist schwer. Die Wiese, er sieht es, hätte gemäht werden müssen. Etwas bewegt sich an der Hecke. Mit Schrecken denkt er an das Erscheinen eines Tieres, das kein Vogel wäre. Sie steht mit geschlossenen Augen vor der überwältigenden Forderung, die diese Treppe an sie stellt. Mutig dreht der Sohn sich um und nimmt in einem ersten Schritt die untersten beiden

Stufen. Der beladene Mutterkoffer schlägt ans Holz.

Meine Sachen! ruft sie. Jetzt schon ist es dir zuviel, auf meine Sachen aufzupassen! Ich kann auch abreisen. Gib mir die Sachen!

Sie zerrt am Kofferhenkel. An seinem linken Arm hängt ein Gewicht, das ihn zerreißen wird. Er nimmt die Hand von seinem Handgelenk und umschließt sie.

Komm, Mutter, sagt er und beginnt hinaufzusteigen.

Die Stufen aus Erde und Wurzelwerk sind unter den Schritten von Jahrzehnten eingesunken. Einen alten Garten hat er gekauft, im Wunsch, etwas Älteres zu haben als sein Herz. Ehrfürchtig sieht er zu den Bäumen auf. Seine Sträucher sind unbeschnitten: von seiner Hand wird hier nichts gestutzt. Es muß wohl doch ein Wind dort an der Hecke gewesen sein. Der Wind sitzt jetzt in den Spitzen der Gräser und beugt sie. Dieses fast schmerzhafte Licht. Er weiß nicht, womit er es verdient hat, so viel Schönheit verschenken zu dürfen. An seiner Hand hängt eine Last und will nicht hoch. Er dreht sich um.

So schöne weiße Wolken, klagt die Mutter. Bei mir sind die Wolken nicht so weiß.

Er sieht sie von der Seite an. Diese zarte Trokkenheit. Sie ist gemacht aus einer gefährdeten Materie, vielleicht aus dem Stoff, aus dem Blütenblätter sind. Eines Tages wird sie sich zusammenfalten und schließen. Nicht sinken. Diese Mutter stirbt aufrecht.

Und die Astern, sagt sie. Weißt du noch: Sträuße hast du mir geschenkt. So viele schöne Sträuße.

Du mochtest keine Herbstblumen, sagt er.

Viele schöne Sträuße! sagt sie zornig.

Ihr Zorn. Eine Lebensaufgabe, den zu besänftigen. Wer ist das, der sein Leben so aufgibt: der Liebende oder der Gerechte. Manchmal fragt dieser Sohn sich, was er wäre, wenn er nicht Sohn wäre. Manchmal glaubt er: weniger als jetzt. Sie steht auf der siebten Treppenstufe, er, genötigt, auf der neunten. Sein Haus ist hoch oben. Es sind noch fünfundsiebzig Stufen, die sie alleine bewältigen muß. Er steht auf der neunten Treppenstufe, beladen bis zur Unerträglichkeit mit dem, was er ihr nicht abnehmen kann.

Ja, sagt er. Viele Sträuße.

Du schickst mir keine Blumen mehr, klagt sie.

Ich werde dir Blumen schicken, sagt er.

Klein steht sie unter seinem Blick. Er sieht die rosige Kopfhaut am Scheitel: viel Fleisch ist auf diesem Kopf und wenig Haar. Mit seinem Blick steht er in ihrer Schuld auf dieser neunten Treppenstufe; schuldbewußt wendet er sich um und steigt. Die Stufen sind höher als an anderen Tagen. Freie Vögel öffnen die Flügel und fliegen fort. Er hat einen schweren Atem im Rücken; zurückgehalten, dreht er sich noch einmal um.

Die Buche, Mutter, sagt er, siehst du: schon gelb.

Oktober, murmelt sie und legt sich die Hand auf die Brust. Dieser schreckliche Oktober.

Und das Weinlaub, sagt er fröhlich, oben am Haus ist ganz rot.

Zweiundachtzig Stufen, sagt sie.

Sie steigen. Im Schatten lauert schon der Winter. Fröstelnd zieht der Sohn Gedanken der Wärme um diese zwei Menschen. Seine Äpfel, er sieht es von hier aus erschreckend deutlich, verfaulen im Gras. Seine Äpfel fallen zu früh von dem Baum, an dem sie nicht süß werden wollen. Die harte Säure der Äpfel nimmt ihm jede Idee der Verwendung. Er hofft, daß sie das danebengegangene Wachstum nicht bemerke. Frei von ihrem Vorwurf möchte er seine Äpfel halten, ungestört die Verwesung im Gras. Am Treppenrand bewegt sich etwas. Er spürt den Schrei hinter sich, bevor er ihn hört.

Eine Schlange, keucht die Mutter.

Er streckt die Hand nach ihr aus in dem kindlichen Drang, sie zu beschützen. Entsetzt weicht sie zurück und starrt ihn an. Er erblickt seinen ausgestreckten Arm und sieht es ein. Dieses Ungeheuer an Behendigkeit, sein Arm: beschämt zieht er ihn an sich. Er hat vergessen, daß sie sich stets der Anwesenheit von Schlangen bewußt ist.

Daß du Schlangen im Garten hast, sagt sie und starrt ihn an.

Es ist eine Eidechse, sagt der Sohn.

Schaudernd wirft sie einen Blick auf das Tier. Er begreift zum erstenmal, daß es Gründe gibt, solche Tiere zu töten. Nicht der geringste Grund dafür wäre, die pure Materie Angst zu sehn, die dann keinen Anlaß mehr hätte. Denkt der Sohn und möchte das Tier zertreten.

Sie sind nützlich? fragt die Mutter kläglich.

Unentbehrlich, sagt der Sohn.

Wieviele Stufen noch? fragt sie leise.

Einundsiebzig, sagt er.

Solch eine Treppe zu besitzen. Vage erinnert er sich, daß sie zu einem Haus führt, das ihm viel bedeutet. Er wünscht es sich jetzt auf halber Höhe. Erreichbar für sie wie die Apfelbäume; ein Haus, das sie mit gesammelter Kraft betreten könnte. Das Mutterhaus. Nachts der Mond für sie überm Dach. Er verbietet es sich zu denken: die Sterne. Was alles der Sohn sich zu denken verbietet, wäre da, wenn das Haus nicht dort wäre, wo es ist. Das Sohneshaus. Voll des Weinlaubs und der Leere der Freiheit oder der Einsamkeit. Er wünscht sich, der Koffer in seiner Hand wäre schwer wie das Leben.

Wie leicht du die Treppen steigst, sagt er.

Mein Herz, sagt sie mürrisch. Hörst du es nicht: es schlägt.

Es schlägt, sagt er. Dein Herz.

Weil du auf dem Berg wohnen mußt, sagt sie.

Ihre Stimme: zwei Vögel. Einer nahe, einer im Flug. Der Sohn lauscht im Steigen den sich Streitenden. Die Handvoll Knochen am Ende ihres Arms: er hat sie ihr zurückgegeben auf der siebten Treppenstufe. Jetzt ist sie von dem Krokotäschchen bis zum Bersten ausgefüllt. Wie sie allmählich in Natur übergeht, die Mutter auf dieser Treppe nach sechs Jahren Trennung. Erde zu Erde? Nein, diese nicht.

Nein, sagt erschrocken der Sohn und bleibt stehn.

Doch, sagt sie trotzig. Auf dem Berg.

Reglos steht der Sohn, von einem Blick auf die Treppe gebannt.

Geh weiter, sagt sie.

Geschoben von der reinen Schärfe der Augen vor ihm, beginnt er zu steigen. Den Rücken voran, der fremden Gegend zu, seinem Haus. Das Herbstgras leuchtet am Gartentor. Ihre Schultern gehen darüber hin, aus grauem Flanell und Polstern hergestellte Schultern. Gut geschnittene Nähte halten diese Mutter zusammen. Angesichts des haltbaren Graus, das ihn schiebt, dankt der Sohn einem unbekannten Schneider.

Was siehst du mich so an, sagt sie und sieht ihn an.

Noch einmal fallen unter dem Blick. Jetzt auf die Stufen, die er unbesehen findet. Noch einmal ihr zu Füßen. Ihre Größe sehn.

Wie wenig du dich verändert hast! ruft der Sohn. Immer noch so viel Kraft! Und die Augen, scharf wie je.

Ohne Brille, sagt sie stolz. Ich sehe alles. Wie früher.

Wie früher, sagt der Sohn.

Dein Glück, sagt sie. Du bist Teil von mir: auch du wirst nicht älter.

Mein Glück, sagt der Sohn.

Geh weiter, sagt sie.

Ich gehe, sagt er und dreht sich um.

Über Gras und Stein. Festgetreten ist der Boden

auf den Stufen, aber nicht von ihm. Er geht auf der von andern in Jahren befestigten Erde, die er gekauft hat. Hinauf.

Die Apfelbäume! ruft sie atemlos. Nicht einen Blick wirfst du auf deine Bäume.

Ich sehe sie täglich, sagt er und steigt.

Nichts siehst du! sagt sie heftig. Nichts! So schnell, wie du vorbeigehst.

Er wendet sich im Steigen um.

Komm, sagt er. Siehst du, dort oben: mein Haus.

Dein Haus! ruft sie zitternd. Dein Haus! Was soll ich denn dort, wo du dein Haus hast!

Bleiben, sagt er und bleibt stehn.

Sechs Stufen unter ihm: sie. Aufrecht inmitten des leuchtenden Herbstes, das Täschchen vor die Brust gepreßt. Mutter, denkt der Sohn. Noch einmal: Mutter. Er möchte es schreien, das Wort, daß es wahr werde.

Komm! ruft er. So viel will ich dir zeigen!

Was du mir schon zeigen kannst! ruft sie.

Im Herbst ist es am schönsten hier! ruft er. So klar!

So klar, sagt sie verzweifelt.

Er stellt den Koffer ab. Er fühlt sich, von ihm befreit, erleichtert: sie wird nicht gehen ohne den Koffer. Hinunter steigt der Sohn, sie abzuholen, ihrer lederbewehrten Brust entgegen. Diesem Täschchen, das er ihr geschenkt hat vor Jahren und das ihr zu klein war. Ihm ist es zu groß. Sie sieht geradeaus, durch seinen nahenden Körper hindurch.

Von oben sieht man das ganze Tal, sagt er leise. Und vom Himmel mehr als hier.

Himmel ist überall, sagt sie.

Er löst eine Hand von dem Leder ab und nimmt sie.

Aber so schöne weiße Wolken, sagt er, gibt es nur bei mir.

Er tritt beiseite, um ihren Blick ins Weite zu entlassen. Auf der sechsundzwanzigsten Treppenstufe steht das Pfand, das sie einzulösen hat.

Meine Sachen, sagt sie böse. Meine Sachen im feuchten Gras. Daß man dir nichts anvertrauen kann, immer noch nicht.

Sie reißt ihre Hand los. Schnell steigt sie hinauf. Mit der Kraft ihres siebzigjährigen Willens wuchtet sie den Koffer auf die siebenundzwanzigste Stufe. Der Sohn eilt nach oben, dem Mal seiner unterlassenen Hilfeleistung zu. Gebeugt hängt sie darüber, eine von den Umständen zur Täterin Verdammte.

Geh nur, keucht sie. Geh.

Gib mir den Koffer, Mutter, sagt er.

Er zieht den Koffer unter ihr hervor. Reglos hängt sie über der Leere.

Bei mir, sagt der Sohn, du wirst es nicht glauben: bei mir gibt es Pflaumenkuchen. Ich kann nämlich backen, das weißt du noch nicht. Du wirst sehen: es ist gut, gekommen zu sein.

Was ich schon brauche, sagt sie und richtet sich auf.

Wenig, sagt entschuldigend der Sohn. Aber das Wenige ist da.

Pflaumenkuchen, sagt sie und sieht ihn an.

Pflaumen von dem Baum dort, sagt der Sohn und weist hinauf.

Ein Jammer, sagt sie. So viel vergeudetes Leben. Anderen Männern backen Frauen die Kuchen.

Demütig senkt der Sohn den Kopf.

Ein Zimmer, sagt sie und sieht ihn an. Ein Zimmer habe ich selbst. Du weißt, welchen Wunsch du mir erfüllen könntest und nicht erfüllst.

Ja, Mutter, sagt der Sohn.

Dein Haus da oben ist leer wie der Tod, sagt sie.

Du wirst es füllen, sagt er.

Mit meinem Schweigen, sagt sie verächtlich. Drei Tage Schweigen in deinem Sessel: das soll mein Lebensabend sein? Andere Söhne schenken ihren Müttern Enkel. Es ist ein Jammer.

Mutter, sagt bittend der Sohn.

Wie du mich bestrafst, sagt sie leise. Nie werde ich wissen, wofür. Ist es, weil ich dich zu sehr verwöhnt habe? Ja, ich habe dich zu sehr verwöhnt.

Unsinn, Mutter, sagt der Sohn und schließt die Augen.

Nie wird sie verstehen, denkt er. Daß es nur eine große Liebe gibt im Leben, und wehe dem, den sie als erste Liebe trifft. Wie gut, daß sie nie verstehen wird.

Gehen wir, sagt der Sohn und öffnet die Augen.

So sehr verwöhnt, sagt sie leise.

Wir haben schon sechsundzwanzig Stufen geschafft, sagt der Sohn und nimmt die siebenundzwanzigste.

Noch sechsundfünfzig, sagt sie und folgt ihm.

Welch ein Glück, denkt er: sie ist im Herbst gekommen. Wie könnte sie im Winter die beschneite Treppe ersteigen. Vielleicht wird es Winter über dem Bleiben dieser Mutter, denkt der Sohn. Dann beide abwärts durch den Schnee. Welch ein Kinderspaß, solch eine Abfahrt im Winter. Unter seinen Tritten seufzen Wurzeln. Was hat sie im Koffer, daß er so schwer ist.

Was hast du im Koffer, fragt der Sohn, er ist so leicht.

Ich bleibe ja nur eine Nacht, sagt sie.

Es würde vielleicht auch für zehn Nächte reichen, sagt er. Wenn du nur willst.

Es geht nicht um Wollen, sagt sie.

Dort oben, sagt er, wirst du ein Bett mit weicher Matratze haben, wie du es magst. Eine Tanne vor dem Fenster. Bücher.

Ich kann nur in meinem eigenen Bett schlafen, sagt sie. Das weißt du doch.

Morgens Tee, sagt der Sohn. Im Tal wird noch der Nebel hängen, aber wir sind darüber. Später kannst du spazierengehen.

Kein Auge werde ich zumachen, sagt sie müde.

Magst du immer noch Eier mit Schinken zum Frühstück? fragt er.

Mach dir keine Umstände meinetwegen, sagt sie. Ich kann auch morgen am Bahnhof frühstükken.

Oder lieber eine Schnitte! ruft der Sohn. Mit Honig!

Früher mochtest du Sirup, sagt sie wehmütig.

So bescheiden warst du. Heute brauchst du ein ganzes Haus.

Und du hast ein Zimmer darin! ruft der Sohn.

So weit oben, flüstert sie.

Ihr rasselnder Atem trifft ihn wie eine lebenslange Schuld. Die Mutter steht drei Stufen unter ihm, die rechte Hand auf die Brust gepreßt. Der Sohn, den Koffer in der Hand, eilt hinunter, ihr beizustehen. Die Kofferkante schlägt ans Holz.

Ah, macht sie erschreckt und krümmt sich unter dem Schlag.

Der Sohn läßt den Koffer fallen und nimmt in jede Hand eine der ausgepolsterten Schultern. Mutig hält er das Gerüst unter dem Flanell. Wo ist das Weiche, denkt der Sohn. Wie verliert man das. Aus dem Kragen ragen die Knochen des Halses, sie tragen den schwer geneigten Kopf. Der Mutterrest in seinen Händen fängt zu husten an.

Aber aber, murmelt der Sohn.

Die Tropfen, keucht sie. In der Tasche.

Er löst seine rechte Hand von ihrer Schulter. Wie ein Schilfrohr neigt sie sich vornüber. Erschrocken faßt er wieder zu.

In der Tasche, sagt sie und hustet.

Er lehnt sie gegen sich und nimmt ihr die Tasche aus der Hand. Der Druckknopf springt auf mit einem Geräusch, das ihr Schmerzen macht. Er hat ihren Schmerz an seiner linken Schulter, er weiß im selben Moment: dort wird für lange Zeit der Ort auch seines Schmerzes sein. Genötigt zum Eindringen in ihr Privatestes, tasten seine Finger schamvoll ihre Dinge ab. Dies ist ihr Raum, denkt der Sohn, diese Tasche. In dem ich sie finden könnte. Er reicht ihr die Flasche und will nicht wissen, was sie enthält.

Gleich, flüstert sie. Nur ein paar Sekunden.

Aber aber, murmelt er.

Sie steht mit geschlossenen Augen und schiebt sich die Öffnung des Fläschchens in den Mund. Er hört das leise Saugen und wendet sich ab. Wenn er jetzt den Druckknopf schlösse. Er sieht auf die halbgeöffnete Tasche in seiner Hand, in der er sie finden könnte. Sie reicht ihm die Flasche, die er hineinsteckt zwischen die Dinge, die zu begreifen er sich weigert. Langsam löst sie ihren Körper von seiner Schulter und setzt sich nieder. Schmerzbeladen steht der Sohn.

So viele Bäume, sagt sie müde. Und Himbeersträucher. Ein schöner Garten.

Ja, sagt er.

Sie schweigen. Ihrer beider Schweigen ist größer als der Garten und das Tal. Der Sohn weiß diese Frau darin geschützt.

Es hat nichts zu bedeuten, weißt du, sagt sie. Manchmal huste ich.

Grau und weich sitzt sie auf der Stufe, umschmiegt von doppelt gesteppten Nähten.

Ich bin ja nicht krank, sagt sie. Sieh mich bitte nicht so an, als ob ich krank wäre.

Nein, sagt er.

Ich sehe noch alles, und ohne Brille, sagt sie. Hörst du: alles.

Der Sohn drückt den Druckknopf zu. Neben

ihm fliegt ein Vogel auf, der Sohn zuckt zusammen. Sie sieht ihn an.

Du bist schreckhaft, sagt sie. Du warst immer so. Keine Nerven. Keine Kraft.

Jeder hat seinen Schrecken, sagt er.

Ein Vogel, spottet sie.

Und manche, sagt er, haben dazu noch den Schrecken von andern.

Das verstehe ich nicht, sagt sie.

Ich weiß, sagt zärtlich der Sohn.

Sie zieht die Beine an und legt den Kopf darauf; überragend steht der Sohn auf derselben Treppenstufe. Plötzlich hat er das Verlangen, sich dieses Bündel aufzuladen, um es sicher nach oben zu bringen.

Wie viele Stufen noch? fragt sie.

Ich weiß es nicht, sagt er.

Sie hebt den Kopf und beginnt zu zählen.

Die sechsundvierzigste, sagt sie.

Macht sie Anstalten aufzustehen? Der Sohn weiß nicht, ob er ihr dabei helfen darf. Die Tasche hält er in der Rechten. Er müßte ihr die Linke reichen. Der Sohn nimmt die Tasche in die Linke. Der Wechsel ihres Besitzes von der einen Hand zur andern macht sie aufmerksam.

Wo ist mein Koffer? fragt sie.

Hinter dir, sagt er.

Hinter mir? sagt sie mißtrauisch und beginnt mit dem Versuch, ihren Oberkörper in der Jacke umzudrehen. Sie sitzt bis zur Hüfte fest in den Nähten.

Es ist feucht hier! ruft sie. Laß uns gehn!

Sie entfaltet sich mit Hilfe seiner Hand zu ganzer Größe. Der Sohn geht hinunter auf die nächste Stufe mit einem Schritt wie eine Verbeugung. Ruhig sehen sie einander von Auge zu Auge an.

Du hast eine Falte auf der Stirn, sagt die Mutter.

Zwei Falten, sagt der Sohn.

Nein, nur eine, sagt sie rasch. Deine Haut ist noch ganz straff.

Ich werde älter, sagt der Sohn.

Ich sagte, sagt sie, du wirst es nicht.

Und meine Haare fallen aus, sagt der Sohn und bietet ihr seinen geneigten Kopf dar wie eine Huldigung.

Einbildung, murmelt sie. Du hast schönes volles Haar.

Sieh mich doch an, Mutter, sagt der Sohn. Sieh mich ganz genau an.

Sie sucht mit den Augen seinen Hals ab nach dem Ort, an dem gesprochen wird, und findet den hüpfenden Kehlkopf. Sie bricht in einen Ruf der Begeisterung aus.

Hübsches Hemd! ruft sie. Wie dir Rostbraun steht! Und die Krawatte zwei Töne heller, so muß es sein.

Ich weiß, wie es sein muß, sagt er.

Du hast meinen guten Geschmack geerbt, sagt sie kokett.

Und deine Falten, sagt der Sohn.

Ach, in den Abgrund ihrer Seele tauchen, denkt er. Sich verlieren wie ein Kind in ihrem

Zorn. Heftig stößt sie den Atem aus. Der Atem schlägt ihm ins Gesicht. Weil gezüchtigt gehört, wer sich nicht hingeben kann, denkt der Sohn. So muß es sein.

Wie weiß dein Haar ist, flüstert er.

Im Gegenlicht steht es wie Schnee in der Luft. Er hat den Wunsch, es ihr mit beiden Händen abzunehmen. Diese weiche Masse Eisigkeit. Er denkt, wie warm seine Hände wären, hinterher.

Du bist so klein, sagt sie leise.

Man schrumpft ein, sagt er, wenn man alt wird.

Es gibt solche, sagt sie, die groß bleiben bis zum letzten Moment.

Und nie zu Boden gesunken sind? fragt er.

Nie! ruft die Mutter.

Welch vergeudetes Leben, sagt der Sohn.

Denn wir müssen gesunken sein, denkt er, um steigen zu können. Und sei es um eines anderen willen, der uns übersteigt. Die Mutter vor ihm dreht ihren Körper in Richtung Haus. Mit einem Ruck fällt ihre Schulter vor seinen Blick. Englischer Flanell. Die Farbe: alter trockener Asphalt. Unter der grauen Schicht bewegt es sich heftig. Wir sind schon auf der zweiten Hälfte des Wegs, denkt überrascht der Sohn. Die Mutter vor ihm wirft den Kopf in den Nacken und nimmt die siebenundvierzigste Stufe. Erschrocken sieht er ihren Körper sich vor seinen Augen nach oben heben. Unter der Jacke ist ein Rock. Ein schmaler, gerader, fester Rock, ein Kleidungsstück der Standhaftigkeit. Sie zwingt diesen Rock den Berg hinauf. Der Sohn ergreift mit der rechten Hand den Kofferhenkel, die Tasche umklammert er mit der linken. Mit einem gewaltigen Schritt betritt er die siebenundvierzigste Stufe, die sie soeben verlassen hat.

Hörst du die Vögel? fragt er. Sie sitzen in den Kronen der Buche.

Und ihre schweren Schritte: wie die Schläge einer Uhr. Der Boden bebt. Der Sohn ist sicher: der Boden seines Gartens bebt.

Hörst du die Züge? sagt er. Man hört sie die ganze Nacht. Lange Reihen von Güterzügen. Ich liebe die fahrenden Züge.

Die Züge, die sie nicht nehmen wird. Stark ist ihr Schweigen unterm Flanell. Der Blick des Sohnes gleitet abwärts und entdeckt die mageren Waden. Seine Schuld wächst ins Riesenhafte.

Weißt du noch, ruft er, meine Dampflok? Du hast sie mir zum Geburtstag geschenkt!

Was ich dir nicht alles geschenkt habe! ruft sie den Berg hinauf.

Du hast mich verwöhnt, gibt der Sohn leise zu.

Ach, sagt sie, bleibt stehn und wendet sich um.

Und der Tretroller, sagt er schnell. Die Bücher.

Du erinnerst dich also, sagt sie.

An alles, sagt beschämt der Sohn.

Auch an die Abende, an denen ich dir vorgelesen habe? fragt sie lebhaft.

Ja, sagt er. Auch an die Abende.

Sie sieht über seine Schulter hinweg, tief in die Abende hinein.

Heute werde ich dir vorlesen, sagt der Sohn und

betrachtet sie lange. Und du suchst dir aus, was du hören willst.

Dickens, sagt sie träumend. Du warst das einzige Kind, das die Pickwickier kannte.

Dickens, sagt er und nickt.

Ovid, murmelt sie. Ich habe dir Ovid vorgelesen.

Was ich beginne, ich weiß es! deklamiert laut der Sohn. Ich kenne das Gute, aber die Liebe verführt mich! Dich wird meine Gabe erretten, bist du gerettet, erfüll dein Versprechen!

Bestürzt sieht sie ihn an.

Ist es das, was du hören willst? fragt der Sohn.

Ich will nichts hören, sagt sie leise.

Du wirst es von mir zu hören bekommen, sagt er fest.

Ich will überhaupt nichts, murmelt sie und sieht ihn aus halbgeschlossenen Augen an.

Leben! schreit er. In Ewigkeit!

Die Gepäckstücke rechts und links hindern ihn am Händeklatschen. Sie öffnet die Augen. Er wünscht sich, einmal ihren Schrei zu hören. Weil sich dann vieles ändern müßte, denkt er und sieht sie an.

Leben! sagt sie verächtlich.

Recht hat sie, denkt der Sohn, das ist nicht Leben. Aber Befriedigung. Was ihr da für ein Glück gelungen ist! Anerkennend neigt er den Kopf vor diesem vollendeten Verachten.

Ich bereite mich auf mein Sterben vor, sagt sie schmeichelnd.

Ja, sagt kraftvoll der Sohn.

Ja, denkt er. So muß es sein. Und mit den Müttern sterben die Söhne und werfen ihre Herzen in die Särge. Ich bereite mich vor auf mein herzloses Leben. Der Sohn legt den Kopf in den Nacken und stößt ein wildes Lachen aus.

Du bist verrückt, sagt sie scharf.

Nein, sagt er erstickt.

Nein, denkt er. Nicht verrückt: dem Wahnsinn verfallen. Dem Wahnsinn, das Lieben mitzuleisten für diesen Menschen, der es nicht kann. Ach, wenn sie doch stürbe, denkt der Sohn.

Du erwartest meinen Tod, klagt sie auf. Lebst du denn nicht schon lange ohne einen Gedanken an mich? Du hast mein Leben vergessen, wozu brauchst du noch meinen Tod!

Ich bin müde, sagt der Sohn und schließt die Augen.

Nicht so müde wie ich! ruft sie. Wie müde ich bin!

Sie dreht sich um und steigt hinauf. Siebzehn Stufen, denkt in Panik der Sohn. Sie so schnell und ich mit dem Koffer. Er sieht ihre Schuhe: festgeschnürte schwarze Trotteurs. Sie geht auf Stock und Stein und wankt nicht. Ach, wie gut, daß sie nicht stirbt, denkt er. Die Sonne ist schon hinters Haus gesunken. Er hat einen Ostgarten gekauft, einen Morgengarten. Steil fällt der Schatten von Haus und Ulme über den Hang. Er würde in diesem Moment die späte Morgensonne dem frühen Abend vorziehen. Die Mutter tritt in den Schatten des Sohneshauses und erschauert.

Aber morgen, sagt er, ist um sieben Uhr die Sonne da.

Sie überkreuzt ihre Arme vor der Brust und umfaßt mit den Händen die Schultern. Bis zum Äußersten angespannt, steht der Flanell vor den Augen des Sohnes. Langsam steigt sie in ihrer Umarmung durchs Dunkel.

Und schon um acht Uhr, sagt er, ist es so warm, daß du im Freien sitzen kannst.

Er eilt. Einverstanden jetzt mit dem Koffer, trägt er das ihm anvertraute Stück achtsam mit dem angehobenen Arm. Näher kommt ihm der Flanell. Ihre Füße in den Trotteurs suchen nach steinlosen Kuhlen. Durch ihren Mund fährt der Atem wie durch einen Riß.

Bei mir ist es warm! ruft er. Die Öfen sind schon angeheizt. Und, du wirst sehen: es ist hell.

Zu seiner Linken erscheint ihr Profil. Über dem halbgeöffneten Mund die scharfe Nase, die er geerbt hat. Schwer gesenkte Lider über zu Boden geschlagenen Augen. Hinten am Schädel wie eine Wehe das Haar. Der Sohn eilt vorbei und voran auf die achtzigste Stufe.

Willkommen bei mir, sagt er atemlos. Willkommen.

Keuchend gibt sie auf. Es ist die siebenundsiebzigste Stufe, über die sich ihr Körper neigt. In seiner Anteilnahme faßt der Sohn den Griff des Koffers fester. Weich gepolstert ist das Leder über dem Bügel aus Metall; getröstet betrachtet der Sohn den Körperbogen, der sich in der Schwebe hält. Ist doch, denkt er, auch jeder Schritt nichts als aufgefangener Fall. Tief unter ihnen liegt in einer anderen Zeit das Gartentor, ein letztes bleiches Sonnenlicht auf der Klinke. Der Sohn hebt den Kopf und horcht.

Sechs Uhr, sagt er. Die Glocken läuten.

Jeden Abend um sechs? flüstert sie.

Jeden Abend, sagt er.

Wie gut, flüstert sie.

Ja, sagt er. Man braucht etwas, auf das man sich verlassen kann.

Langsam richtet sie sich auf und sieht ihn an. Unwandelbar in Ewigkeit ist dieses Gesicht, das nie gelächelt hat. Der herbstliche Abendschatten glättet die Haut; der Sohn sieht in ein Bild aus seinen Kindheitsträumen. Überwältigt von einem Erinnern, weiß der Sohn nicht gleich, ob er erschrecken muß.

Ich erinnere mich nicht, murmelt er.

Gib es zu, sagt sie leise. Du hast alles vergessen.

Das Schöne wollte ich behalten, sagt der Sohn.

Die Erinnerung sitzt im Blut, sagt sie. Da ist nichts auszuwählen.

Es fließt, das Blut, sagt er träumerisch.

Sie legt den Kopf weit in den Nacken und sieht zu ihm auf. Ein Gesicht wie ein ungelesenes Buch, denkt der Sohn, und eine erregte Neugier befällt ihn. Er beugt sich über das ihm hingehaltene Geschenk. Ein Zittern steht um ihren Mund, als suche dort etwas seinen Ausgang. Aus einer tiefen Vergangenheit steigt dem Sohn ein Lachen auf. Wie etwas Wertvolles hält er es in sich zurück und beginnt zu lächeln.

Sechs Jahre hast du mich nicht besucht, sagt sie leise.

Sechs Jahre, sagt zärtlich der Sohn.

Jetzt muß ich zu dir kommen, um dich zu sehen. Wie eine Bettlerin, flüstert sie.

Nein, nein, sagt der Sohn und lächelt. Wie eine Mutter.

Glaubst du: wie eine Mutter? fragt sie mutlos. Und was weiter?

Jetzt betrittst du mein Haus, sagt der Sohn. Ich nehme dir deine Jacke ab und hänge sie auf. Ich koche Kaffee.

Meine Jacke? fragt sie ängstlich.

Du wirst deinen Koffer auspacken, fährt der Sohn fort, und dich einrichten. Immerhin wirst du ein paar Wochen bleiben.

Halte ich das aus: ein paar Wochen? fragt sie.

Und länger, sagt lächelnd der Sohn. Solange du noch jung bist.

Wenn du es sagst, sagt sie.

Langsam schließt sie die Augen in einer sehr alten Müdigkeit. Ihr Gesicht ruht sich aus auf dem Kopf, in spärliche Reste von Haar gebettet. Weich und grau steht sie unter dem Sohn, geborgen in seinem Lauschen.

Wer fährt denn in all den Zügen, murmelt sie.

Ich weiß es nicht, sagt er glücklich.

Daß Menschen nirgendwo bleiben können, sagt sie.

Nicht jeder hat seinen Ort, sagt er.

Weiter und weiter, murmelt sie.

Bis zur letzten Sekunde, aber in Ruhe, sagt er.

Auf der anderen Seite des Tales liegt eine bronzene Abendsonne; über dem letzten Glänzen kreist ein Vogel. Der Himmel dieser Stunde ist rein und wolkenlos, von der Farbe des frühen Mondes. Im Rücken spürt der Sohn das unzerstörbare Dasein seines Hauses.

Wie viele Stufen noch, fragt die Mutter.

Für dich noch fünf, sagt der Sohn.

Stern

An einem Sonntagnachmittag im Dezember steht Anna Stern mit dem Rücken zum Spiegel in ihrem Zimmer und kleidet sich an. Sie trägt ein geflicktes Mieder von der Art, die nicht mehr hergestellt wird, weil es in einer haltlosen Welt vielleicht nur noch Anna Stern ist, die der Stütze von beinernen Stäbchen und klumpiger Polsterwatte bedarf. Der von den Farben seit je verlassene Teppich zu ihren Füßen scheint ihr zu klagen. An manchen Tagen, denkt sie, sind die Dinge wie Gebete, ein einziges Hoffen auf Wiederkehr von etwas, das sie nie besaßen. Oh, die Unendlichkeit des Bedürfens! Sie hält sich einen grünweißkarierten Rock vor wie ein Schild. Draußen dämmert es winterblau. Es ist die Tageszeit der Geständnisse, der Versprechungen und des Glaubens. Aber wer rettet aufs neue die Welt! ruft sie aus und entfernt den Rock von ihrem Körper. Die ihrer Nacktheit preisgegebenen Möbel sehen sie an, das untröstbare Holz. Anna Stern greift nach einem Strumpf und rollt ihn zu einer Wurst. An der ausgearbeiteten Wade hält sie inne. Die Masche, die sich an der Ferse gelöst hat, rennt ihrer Auflösung entgegen und hinterläßt eine Bahn aus Querfäden und Leere. Anna Stern rollt die Leere ein und setzt ihren rechten Fuß in den Strumpf. Sie schämt sich für die mißlungene Welt.

Sie wünscht ihr Nacht oder ewiges Schweigen, eine von weither geäußerte Barmherzigkeit. Es müßte die Welt ins Reine gewendet werden, also in ihr Gegenteil, den Himmel, denkt Anna Stern. Sie hat nur die Gabe des Blicks für das Furchtbare im Geringsten, der ihr das Wegsehen nicht erlaubt wie denen, die ihr Entsetzen in Krieg und Vernichtung verlegen, um vorerst vor ihm sicher zu sein. Die Handlungen von Anna Stern gehören deshalb dem Augenblick an und sterben mit ihm, dazu verdammt, ein Leben lang wiederholt zu werden. Im Sommer nach dem Regen geht sie durch den Park und wischt die Bänke ab mit einem kleinen Tuch, das sie anschließend über den Büschen wringt. Aus den Rinnsteinen rettet sie, was andere verstoßen haben: Kugelschreiber, Wäscheklammern, Reste von zerrissenen Briefen. Sie lebt mit den maßlosen Ansprüchen dieser Waisenkinder unter den Dingen. Anna Stern rollt langsam den festen braunen Strumpf das rechte Bein hinauf und knöpft ihn oben an die Strapse. Sie steht in dem stützenden Strumpf wie in einer Rinde. Es fehlt die Verwegenheit! sagt laut Anna Stern. Die ungeheure Tat! Sie rollt den zweiten Strumpf am linken Bein hinauf. Die Strapse verhöhnen mit strahlendem Rosa ihre Haut; es wird ein Verpakken sein ohne Ende, ein Schichten von Bekleidung bis zu dem zumutbaren Punkt von Blöße. Anna Stern steigt schnell in eine weiße Unterhose. Ihr Leben ist Überwindung in jeder Minute, ein mit äußerster Kraft gesetztes Dennoch gegenüber einem grundsätzlichen Nein, das in ihren Ohren dröhnt. Es wird geschrien von allen anderen mit jedem Atemzug, und Anna Stern, die unfreiwillige Zeugin, nimmt das Ja auf sich inmitten aller wie ein lebenslängliches Exil. Sie zieht ein Hemd aus falscher Wolle über, das sich knisternd an ihren Körper drängt. Die Bluse, mit roten und grünen Rosen bedruckt, wird von dem Hemd magnetisch angezogen. Anna Stern sucht aus der Verklammerung Löcher für die Knöpfe heraus. Auf der Fensterbank neigen Topfpflanzen sich bekümmert nach Norden. Der Ölofen gibt Geruch und sparsame Wärme ab. Die Gegenstände, von viel zu vielen Besitzern für den problemlosen Gebrauch verdorben, vertragen sich nicht. In ihrer mürrischen Vereinzelung nehmen sie einander die Luft. Anna Stern, in der Mitte des Zimmers, hält die Atmosphäre in Gang mit entschlossener Zuwendung: eine Linse, die die Kräfte der Gegenstände bündelt und sie erscheinen läßt wie Möblierung. Sie steigt in den grünweißkarierten Rock und schließt den Reißverschluß. Es folgt eine blaue geräumige Jacke, die sich widerwillig ihrer Verkleinerung durch Falten und Ärmelkrempeln fügt. Denn es geht ja nicht ums Glück, sagt Anna Stern und dreht sich um. Sie sieht dem Spiegel geradewegs ins Gesicht, so angezogen ist sie nun. Seine Halbblindheit hindert ihn nicht, ihr Vorhaltungen zu machen. Er zeigt ihren Kopf als abgegriffenes Medaillon vor dem Fensterquadrat. Sie schaut sich an: ein Fundstück, das Bildnis einer verarmten Unbekannten, das billig ist und in origineller Art schmückt. Oh, meine Haare! stammelt Anna

Stern. Der niederdrückenden Wahrheit ihrer selbst entgegengeneigt, steht sie auf den Zehenspitzen, die unausgefüllt nach hinten gerutschten Schulterpolster auf dem Rücken wie die noch nicht durchgebrochenen Hörnchen eines jungen Tieres, das nichts von ihnen weiß. Der Ölofen fängt zu bullern an. Anna Stern zieht an einer Lampentroddel. Ein Licht ohne Ausdruck breitet sich aus, geworfen von einer Nachttischlampe ohne Schirm. Anna Stern steigt in braune Schuhe und bückt sich, sie zu schnüren. In die Zärtlichkeit ihres Verhältnisses zu den Gegenständen mischt sich Ratlosigkeit. Es gibt einen letzten Eigenwillen des Sprachlosen, denkt sie, den wir nicht verstehen. Sie schlüpft aus dem rechten Schuh, sucht nach der Lasche und steigt wieder ein. Ja, es geht um das Bewahren der Würde, sagt sie und richtet sich auf. Vor ihr türmt sich die Wand hinauf ihr gewaltiger Schatten, weil hinter ihr ein kleines, aber sehr genaues Licht zu tief steht. Anna Stern zieht einen schwarzen Mantel über und müht sich, in dem auf Taille geschnittenen Modell ihr Angezogenes unterzubringen. Sie setzt einen schwarzen Hut auf und greift nach ihrem Schirm. Ihr Schatten fällt mit dem Erlöschen des Lichts von der Wand. An der Tür bleibt sie zögernd stehen, aufs neue davon überzeugt, die Gegenstände würden sich im ersten Moment ihrer Abwesenheit aufeinanderstürzen und zertrümmern. Dann steigt sie die Treppen hinunter und tastet nach Geländer und Wand, verwirrt von zukünftiger Bestürzung, als hätte sie eine Verantwortung übernommen, der sie schon in der Vorbereitung nicht gewachsen ist. Die alten Treppenstufen bleiben stumm in seltener Häme der Übereinkunft, diesen Gang vor allen anderen zu verschweigen. Weil jede Freude verdient werden muß, macht Anna Stern sich auf, der Welt die Ankunft Jesu zu verdienen. Sie geht, als trüge sie mit dem Mantelstoff eine Mauer vor sich her gegen den Überfall von so viel Leben. Sie blinzelt in die über Häuser und Bäume gespannten Lichterketten. Hier hängt die Schuld der Menschheit, nach außen gewendet, jede Birne ein Vergehen, denkt sie. Um sie her scheint jeder sich in den restlos ausgeleuchteten Verhältnissen wohlzufühlen. Sie fängt nun fast zu rennen an. Andere Mauern aus Mänteln und Taschen schürfen an ihr entlang. Sie hastet zwischen Sonntagsgängern hindurch, die sie auf ganz natürliche Weise nicht zur Kenntnis nehmen, weil sie eine dutzendmal vorhandene Kulisse ist, ein bröckelndes Relikt. Ihr fällt auf einmal ein, daß sie den Weg an diesem Tag noch einmal machen muß, zurück. Abrupt bleibt sie stehen und wird sofort bemerkt als Ärgernis. Man schlägt Bogen um sie herum, und die so bewegte Luft prallt an sie hin mit einem betäubenden Duft. Es ist der vom Kalender diktierte Duft, der sich pünktlich eingestellt hat, die weihnachtliche Gewürzmischung aus Vanille, Zimt, Zitrone und Mandel. Er hängt sich an sie wie ein Lieblingsfeind. Mit gesenktem Kopf geht sie langsam weiter, beladen nun. Die Turmuhr schlägt fünfmal. Es hat sich inzwischen auf der Straße die Anzahl der Kinder erheblich vergrößert, und weil die Kinder unten stattfinden, gibt es für den Blick mehr Weite und zum Atmen mehr Luft. Es ist auch ein Strömen entstanden in ein- und dieselbe Richtung, und die ganze Welle Mensch biegt an der nächsten Ecke nach links. Anna Stern, in einer letzten Aufbäumung eigenen Willens, strandet an einem Ampelpfahl. Vor ihr steht ein in Schanden verstorbener Wald. Das Holz von Fichten und Kiefern ist zu Buden vernagelt worden, die seitlich nachlässig behängt sind mit frischen Zweigen. Vor den mit Gegenständen überfüllten Behältnissen sinkt Anna Stern der Mut. Sie beugt sich über ihren aufgestützten Schirm, diesen Mast zwischen ihr und der Erde. Um sie her ist lebhafte Bewegung, da fliehen sie, denkt Anna Stern, vor der Sinnlosigkeit auf diesen Markt wie in das Zentrum eines Sturms, weil man dort den Sturm nicht spürt. Sie macht ein paar Schritte von verhaltener Wildheit. Schon befindet sie sich in einer Gasse und wird vor eine Bude geschoben. Vor ihren Augen stehen beschichtete Kuchenformen. Die als Beweise gebackenen Kuchen liegen nackt und makellos da, ohne die leiseste Kraft zur Verführung, und Anna Stern, gequält von so viel Entblößung zwischen all dem Blech, fragt zweimal flüsternd nach dem Preis des Gebäcks, aber niemand hört sie. Nebenan werden Lebkuchen verkauft, je drei Pärchen in Cellophan, die blassen Oblatenbäuche aneinandergeschmiegt. Pfefferkuchen mit blauen und rosa Zuckerhäubchen sind aufgeschichtet, alles aus Freude, denkt Anna Stern betäubt, eine Freude mit der Kraft einer allumfassenden Verachtung, zum Verwechseln ähnlich. Sie wird von der sich unablässig bewegenden Menge weitergeschoben vor einen Stand mit Krippenfiguren. Der in Eile gefertigte Josef neigt sich zum Ochsen, noch immer auf der Flucht vor dem Messer des Schnitzers. Maria hält ihr von unbestimmten Gefühlen verzerrtes Gesicht über die Wiege mit dem Bündel. Tiere aus nie gesehenen Rassen lagern, von Gott und Noah verworfene Geschöpfe, im Stroh. Es ist kein Werden mehr in der Welt, sagt leise Anna Stern und blickt sich um. Hinter ihr ist ein Glühweinstand. Die Verführbaren stauen sich vor den Kesseln, ein dickes weiches Menschennest, zusammengeklebt mit Alkohol und Zucker. Die Frau in dem Krippenstand trägt eine Lammfelljacke; sie steht, ein pelziges Paket, mit verschränkten Armen unter dem Schild des Landesverbandes der Schausteller. Sie alle haben eine Nummer, flüstert Anna Stern. Sie wünscht sich einen geöffneten Boden zum Versinken, eine endgültige Grube für den Inhalt aller Buden und für sich. Aus den bewegten Mänteln und Hüten hebt sich nicht ein Mensch heraus für Anna Stern. Sie findet sich eingeklemmt zwischen Plastiktüten und Kartons, ganze Weihnachtsbescherungen werden neben ihr durch die Menge geschleust, und sie, klein und kantig, schwimmt inmitten dieser Verwöhnung, im Luxus einer trägen Traurigkeit. Sie hört Fetzen von Gesprächen, jeder scheint hier zu jemandem zu gehören, aber die Zuordnung wird nicht zur Zuneigung in der fürchterlichen Nähe aller. Sie stellt sich unter jedem

Fuß jedes Einzelnen einen kleinen Stein vor, seine Insel. Entschlossen wendet sie sich dem nächsten Stand zu. Es wird dort Kinderspielzeug verkauft. Sie steht vor Puppen aller Größen, Kreiseln, Autos, Eisenbahnen, Bällen und Trompeten. Ein Paradies, denkt Anna Stern verzweifelt, eine Heimat für die Sehnsucht. Sie beginnt in der linken oberen Ecke des Standes mit einem blauen Teddybär und nimmt mutig Stück für Stück ins Auge, eine Erlöserin der Welt der Gegenstände. Neben ihr verlangt ein Kind ein rotes Auto, aber das dritte rote Auto von rechts aus einem halben Dutzend gleicher, und Anna Stern denkt: Welche Verantwortung, und wie sicher wird sie ausgeübt! Eine einsame Gewalttätigkeit ist in jedem Angebot, das unzählige Male vorhanden ist, sich in nichts vom andern unterscheidend. Anna Stern befühlt eine Trompete. Es ist der Zufall eines Griffs, der den Gegenstand aus der Masse erhebt, und sie, in der Verantwortung, dieser eine Zufall zu sein, ist außerstande, die Entscheidung zu treffen. Eine Trompete, sagt sie und kramt in ihrer Manteltasche, während der Mann, in Unkenntnis seiner Bedeutung, nach einem der Haken langt. Seine Bewegung stöbert ein Seidenpapier auf, das scheu an die Budenwand entweicht. Anna Stern schließt die Augen. Sie hört etwas, eine Art von schreiender Stummheit hoch oben, die hilflos dem Anblick des Menschlichen ausgesetzte verstörte Nacht. Vierfünfzig, sagt der Mann. Sie preßt das losgekaufte Ding vor die Brust. Auf dem Rathausturm hat sich inzwischen ein Bläserquartett aufgestellt. Bei den ersten Tönen von O du Fröhliche legen alle die Köpfe in die Nacken, reglose tütenbeladene Vögel, und sehen hinauf, als erwarteten sie ein Geschenk, das ihnen zusteht, und Anna Stern sieht blitzschnell und deutlich: Sie sind tot, deshalb kaufen sie alles auf, Grabbeigaben für ihr Leben! An der Wand eines Lebkuchenstandes lehnt ein junger Mann. Er trägt einen Widerspruch aus steifem schwarzem Lederblouson und weicher weißer Baskenmütze und hält den Blick gesenkt. Das Bläserquartett ist zu In dulci jubilo übergegangen. Aus den Mündern ringsumher steigen Atemwolken wie Rauchzeichen, Nachrichten über Frieden oder Krieg, an keine Adresse gerichtet. Denn es wird die Trommel nicht antworten, denkt Anna Stern. Der Junge trägt Stiefel mit Sporen. Er hat sich an der Bretterwand abgelegt für eine ganze Weile, ein von seinem Tier verlassener Reiter. Unentwegt sieht er sich Füße an, Winterstiefel, ein paar Hunde, vielleicht in Erwartung seines Geschenkes, das ihm von unten kommen soll, ein ihm entgegenfliegender Weg oder ein Fluß, der ihn entführt. Sein Blouson hat über die Vorderbreite hinweg zwei große Taschen, und tief in jeder hat er eine Faust, von einer feinen Naht getrennt, aber in Fühlnähe zueinander. Auf dem Platz ist nun wieder Bewegung entstanden. Die sich weder Bezauberung noch Spott gestatten, schlendern weiter, eine kleine machtvolle Gruppe von Gleichgültigen, und Anna Stern macht einen Schritt zu auf den schwarzen ruhenden Reiter. In diesem Moment öffnet sich das Rathausportal, direkt im Blickfeld von Anna Stern, und gleich schwenkt die Aufmerksamkeit hinüber zu dieser neuen Begebenheit, und inmitten des Ausgerichtetseins aller auf eine Tür lehnt der Junge an der Bude, den Blick am Boden. Verwirrt bemerkt Anna Stern, daß sich die Masse der menschlichen Körper geteilt hat in diesen einen und alle anderen. Auf der Rathaustreppe aber ist eine Gestalt erschienen, ein Kind in weißem Gewand, das steif und langsam an die Brüstung tritt, auf dem Kopf einen Reif mit brennenden Kerzen. Eine Andacht fällt über die Menschen wie ein Schlag, ausgeteilt von dem kleinen Licht auf der Treppe, und im Wissen um seine Wichtigkeit fängt das Kind zu leiern an, Drei Weise aus dem Morgenland sahen den Stern der am Himmel stand, und der Junge hebt den Kopf und starrt hinauf. Anna Stern befindet sich zusammen mit ihm im äußersten Ring eines Geschehens, ausgesetzt und verständnislos. Und alle anderen, denkt sie, sind jetzt in ihren geweiteten Herzen, den Kammern, möbliert mit Hoffnung, Angst und Wünschen, die ganze Welt ist eine riesige Wohnung, abgeschlossen nach oben und unten. Und inmitten aller steht weit entfernt Anna Stern, und der Junge sieht ihr geradewegs ins Gesicht. Er hat den Blick eines verlaufenen Tieres, blind vor Erinnerung an seinen Ort. Er wird nicht klagen, weiß sie, er tritt schon ins Stadium des Begreifens ein, in die Kälte einer ihm nicht gemäßen Umgebung, die von nun an seine ist, und es durchfährt sie der Gedanke: Das Glück ist die erfolgreichste Lüge des Teufels, und Verzweiflung ist nichts als Liebe, die an der Welt zugrundegeht! Auf dem Turm setzt eine Trompete ein. Die Darstellerin des himmlischen Kindes hat sich unter die Menge begeben und wird betastet wie eine Reliquie. Die Silhouette der großen Tanne verschmilzt mit der Rathausfassade, und eine Pyramide von Glühbirnen steigt in dem Dunkel empor – vielleicht doch eher Hoffnung als Schuld, beginnt vorsichtig Anna Stern zu denken –, scheinbar freischwebend, aber tatsächlich fest verklammert auf den Zweigen. Anna Stern bemerkt, daß an dem Stand schräg gegenüber Landwollsocken verkauft werden, grob gestrickte solide Wärmer, und daneben Kugeln mit Glitzersteinen, das Neueste für den Baum, alles auf einmal im Blickfeld von Anna Stern als harrende Aufgaben, und an der Bretterwand lehnt noch immer der Junge, aber etwas verändert jetzt. Er hat alle Äußerungen nach innen abgezogen und gibt sich als verschlossene Kapsel, so allein und verletzbar in seiner Nutzlosigkeit wie ein ungebrauchter Gegenstand, und Anna Stern, bezaubert, geht auf etwas Vertrautes zu. Er wird sie, fühlt sie, nicht anreden wie ein Mensch, der immer gleich so furchtbar viel ist, Dutzende von Äußerungen aller Art auf einmal, und jede eine Forderung nach Aufmerksamkeit. In ihrem ungeheuren Bemerken von dem Ganzen überfordert, steht Anna Stern dann vor diesem Menschen und nimmt einen Kosmos von Drohendem wahr, von kleinsten Partikeln Angst und Verzweiflung, die hinter jeder Bewegung lauern, und es befällt sie die

Gnade einer vollständigen Lähmung des Begreifens. Hier aber ist sie aufgerufen, zu wachen über ein Ding. Er könnte von der Bretterwand fallen. Anna Stern gerät in Erregung beim Bedenken aller Möglichkeiten und prallt gegen mehrere Passanten. Es schien ihr kein weiter Weg gewesen zu sein, aber er ist gepflastert mit anderen, und die haben andere Ziele. Sie kämpft sich zwischen Tüten hindurch und erspäht den jungen Mann, der soeben seine Glieder ordnet und von der Bretterwand nimmt. Anna Stern stürzt ihm mit einem unterdrückten Schrei entgegen. Er blickt sie an und sieht sie nicht, ruckt die Fäuste zurecht in den Känguruhtaschen, lockert den Hals und geht. Anna Stern mit Tasche, Schirm und Trompete steht blaß und gedemütigt da. Langsam hebt sie die Hand vor den Mund und sieht dem, der nicht mehr zu sehen ist, lange nach. Dann legt sie den Kopf in den Nacken und schaut in den bedeckten Himmel. Entleert von einer Erwartung, ist er ein riesiges dunkles Nichts jetzt, endlos sich dehnend über einem kleinen Punkt namens Erde, und der ist irgendwo bestückt mit Anna Stern. Sie starrt nach oben, bis der Himmel mit all seinen Wolken vor ihr entweicht, und dann hebt sie feierlich den Schirm und sticht ihn in die lichtlose Welt. Über die Spitze des Schirms zieht eine Wolke, und sie sticht auch auf diese ein und später auf das Dunkel dahinter und die ganze immense Gleichgültigkeit. Heillos heillos, flüstert Anna Stern. Um sie herum, spürt sie auf einmal, hat sich die Atmosphäre geballt. Die Vorüberziehenden sind zum Stillstand gekommen, als würde sich hier etwas tun, und Anna Stern sieht sich im Zentrum eines Walls aus Blicken und Gelächter. Sie nimmt den Schirm vom Himmel. In dem Mantel ist es ihr nun etwas eng. Die an sie herangerückten Menschen geben Wärme ab, und sie, bedrängt von der Umarmung dieser aufgeheizten Mauer, packt, was sie in Händen hält, mit festem Griff, als seien die Dinge nun die Retter und nicht die Geretteten, und geht aus dem Kreis hinaus. Sie fühlt sich als entleerte Tüte, von Blicken verweht. In einem ihr selbst nicht nachvollziehbaren Zickzack wird sie durch die Gassen getrieben. Sie kommt an Keramiktellern vorbei, an Mandelröstereien und Kräuterbonbons, einer Bestimmung gehorchend und völlig gleichgültig jetzt. In ihrer schönen Leichtigkeit treibt sie mühelos an allem vorüber. Die Turmuhr schlägt. Eine Spieldose klimpert von rechts. Nein, es geht vielmehr um den Frieden, denkt vage Anna Stern, und gleich beginnt ihr der Kopf zu schmerzen, als könnte er ausgerechnet diesen Satz nicht mehr fassen. Da versiegt das Strömen der anderen, und sie wird irgendwo angespült. Ein scharfer Geruch steigt ihr in die Nase, sie findet sich, heftig erwachend, vor einem Fischbrötchenstand. Schon ist sie nach hinten hin zugemauert von Nachdrängenden und wird vorwärts geschoben an das Glas. Hier stockt die Bewegung des Organismus der Hungrigen, und Anna Stern sieht mit wütendem Blick durch die Scheibe, über den aufgestützten Schirm geneigt in leichtem Bogen. Hinter der Scheibe türmt sich das besonders traurige Angebot. Sie sieht auf den schillernden Hering zwischen den schlaffen Brötchenhälften, die Zwiebelringe, die nackten bleichen Gurkenscheibchen, den rot gefärbten Seelachsersatz, die grau panierten Seemannsschnitzel, die blauweißkarierten Kittel der Verkäuferinnen, die Coladosen, starrt das alles genau und böse an, daß es sich ihr für immer einpräge, steht da mit dem unbestechlichen Blick der Wahrhaftigen und rettet noch einmal ein Stück Welt durch ihr Trauern, dies wildeste Handeln. Dann aber ist sie schon an der Reihe, sie wird nach ihren Wünschen gefragt. Anna Stern ist in diesem Moment von Wünschen geradezu überladen, die Wünsche sprengen in ihrer Größe jeden Stand und den ganzen Markt, vielleicht sogar die Welt, und in ihrer Maßlosigkeit steht sie inmitten der Genügsamen, die mit herzhaftem Appetit in die Brötchen beißen. Anna Stern hat keine erfüllbaren Wünsche. Hier, vor dieser einfachsten Anforderung des Tages, fühlt sie, hat sie endgültig versagt. Mit gesenktem Kopf und schnell verläßt sie den Ort ihrer Niederlage. Das Scheitern geschieht im Geringsten, denkt Anna Stern, und wie groß ist doch einer, der sich dort bewährt! Betäubt und bewundernd blickt sie auf die Größe all dieser Bewältiger des Kleinen. Es ist nun richtig Abend geworden. Die Anzahl der Kinder hat sich wieder verringert, statt dessen sind bummelnde Paare gekommen. Eingehakt treiben sie vorüber, fest verklammerte Zweizeller, die im selben Rhythmus die Köpfe wenden. Anna Stern folgt ihnen mit sanftem Blick, ein Schmarotzer ihrer Gemeinsamkeit. An einem

Glühweinstand weiter vorne gibt es Gelächter. Anna Stern verspürt den stillen Wunsch, dort mitzulachen. Sehnsüchtig sieht sie hinüber zu dem hohen Ort. Die Frauen in dem weiß ausgeschlagenen Stand mit den weißen Plastikbechern tragen weiße Schürzen, und aus den Kesseln, wenn sie die Deckel heben, kommt weißer Dampf. Anna Stern schwimmt im Strom der anderen auf diese Insel der Unschuld zu. In ihrem Umkreis duftet es überwältigend, und Anna Stern, für einen Moment in das gewohnte Entsetzen sinkend, steigt nun schnell entschlossen auf den Lattenrost, der vor der Bude liegt. Die dicht an dicht gedrängten Mäntel sind schwer und feucht, als schwitzten sie Alkohol aus, und Anna Stern wird wie in Erinnerung an Vergangenes klar, daß sie sich hier in einer Widerwärtigkeit befindet. Sie läßt sich von den Nachfolgenden in eine Ecke schieben und steht dort in ihrer Beladenheit mit Tasche, Schirm, Getränk und Trompete gleich neben dem blauen Plastiksack in der offenen Tonne. Langsam und in großem Ernst nimmt sie einen Schluck des Weins wie eine Taufe. Heiß und süß fährt er ihr in den Magen. Ehrfürchtig blickt sie in den Becher. Sie nimmt einen zweiten Schluck. Sie riecht jetzt schon wie alle anderen, das freut sie ein bißchen. Sie nimmt zwei Schlucke und sieht auf. Eingemauert zwischen Trinkenden, steht sie und trinkt. In der selbstverständlich gewordenen Welt setzt eine heisere Drehorgel ein, über den Himmel rast ein Düsenjäger. Welche Unvollkommenheit, denkt sachlich Anna Stern. Aber manchmal, denkt sie weiter, stürzt sich als letzte Rettung der Himmel für kurze Zeit auf die Erde, und obendrüber hängt die Nacht wie ein Rabe, aufgebläht, schwarz und voller Lärm. Sie dagegen lauscht jetzt einer Oper, der ins Schöne erhobenen Wahrheit. Aufmerksam blickt sie sich um und sieht: Sie steht in heiligen Verhältnissen, in der einzigen großen Verbundenheit aller Wesen. Da lehnen wir aneinander, sagt laut Anna Stern, Schulter an Schulter, und keiner fällt! Sie nimmt einen Schluck vom Wein. Ihr Ellenbogen rammt die Hüfte ihres Nachbarn. Nicht einmal ein Engel, fährt sie fort, hätte zwischen den Menschen noch Platz. Der Mann grinst sie an. Ernst blickt Anna Stern in diese Augen ohne Freude. Wir sind vollzählig beieinander, sagt sie und verfolgt, wie das Grinsen von dem Gesicht rutscht und einer Leere Platz macht, einer großen Möglichkeit. Anna Stern bietet sich den Blicken dar. Man muß ein Spiegel werden, denkt sie, der Dienendste unter den Gegenständen, so wird man nie gesehen. Sie leert ihren Becher mit einem letzten Schluck und wirft ihn in die Tonne. Ein Licht ist nun da, das sie vorher nicht bemerkt hat, es kommt aus den Ständen und schlägt vor jedem Stand einen kleinen Kreis, eine ausgeschüttete weiche Lache. Die Trinkenden um sie herum stehen gestaffelt und dunkel vor dem Licht, bodenlos schwebend wie auf dem goldenen Grund von Ikonen. Märtyrer in Loden und Filz, in der Hand den neuen Ölzweig des Friedens, den weißen Becher mit Wein. Und zwischen den verschiedenartigen Silhouetten der Köpfe sind die Gegenstände in den Buden wie kleine Risse im alten Bildgrund, Sprünge aus Jahrhunderten, die der Fläche eine unbeabsichtigte Tiefe geben. Ja, es hebt sich jeder Einzelne ab, denkt erstaunt und bewundernd Anna Stern. Sie geht in die Gassen zurück. Sanft wird sie von Stand zu Stand getragen und dann hinaus. Am Rand des Platzes bleibt sie stehen. Die Menschen ziehen an den Lichtern vorbei, stauen und ballen sich und ziehen weiter, eine Prozession von Schatten, ein großer geheiligter Gang. Anna Stern hat den Wunsch, sich aufs neue einzureihen in den Lauf. Es erscheint ihr jetzt, als sei dort jeder an dem ihm zugeteilten Platz, um mit allen anderen das unbegriffene Muster zu bilden, das er eigenmächtig nicht verlassen kann, und vielleicht ist es nur sie, Anna Stern, die noch fehlt, um das Bild zu vollenden.

Schnee

Aber das Größte ist die Liebe, sagt Schwester Felicitas Mahler und beugt sich über das Pult.

In die Mittagssonne steigt der Staub. Wie die nicht gehörten Reste von jahrzehntelanger Lehre, denkt sie: Vielleicht halten sie sich in den Ritzen und wollen ans Licht. Unsterblich, man sieht es, ist der Geist. Von ihr vermehrt um Paulus' Wort, steht das Gewimmel vor den Bänken. Grau sind dahinter die Kinder, die ihr nicht lauschen. Sie zählt sieben. Waren es letzten Monat nicht neun? Sie fragt sich, wohin sich die Kinder verlieren vor dieser ungeliebten Stunde.

Er könnte, sagte er, sagt die Schwester, alle Geheimnisse wissen, er könnte vielleicht prophetisch reden und Berge versetzen mit seinem Glauben, und dennoch.

Sie steht hinter dem Pult wie in einem Kokon, eine in graue Baumwolle eingesponnene Dienerin des Nächsten. Ihre Gedanken streunen. Beschenkt mit Leere sind manche, denkt sie, weiträumig umhüllt von Nichtbeachtung. Eines der Kinder fängt betont zu husten an. Der Lehrer, den sie hier vertritt, hat sich, aber womit nur, ein Schweigen verschafft, das er Respekt nennt.

Denn hätte er, sagte er, sagt die Schwester, die Liebe nicht, wäre er tönendes Erz oder eine lärmende Pauke.

Staub, der lebendige Stoff zwischen ihr und den andern. Sie blinzelt. Aber ist nicht jeder, überlegt sie, auf diese schöne Weise einsam, Mittelpunkt seines Kreises, sichtbar aufgestellt im Licht. Besonders die Kinder, hebt sie an zu denken; da fällt in der dritten Reihe ein Gegenstand laut zu Boden. Felicitas Mahler sieht ihre verschreckten Hände an, die rechteckig um die Tischkanten stehn. Neun Kinder, murmelt sie. Welches sind die zwei, die fehlen. An manchen Tagen hat sie das Gefühl einer für immer versäumten Bedeutung. Als sei ihr mit diesem Zimmer und den Kindern ein Bild vorgelegt, das sie nicht begreift. Sie nimmt das Lineal in die Linke und deutet hinter das Geflimmer.

Du, sagt sie, dritte Reihe, wie heißt du?

Martin, sagt das Kind und steht auf.

An wen, Martin, fragt sie, hat Paulus diesen Brief geschrieben?

Das Kind senkt den Kopf. Eine Strähne vom Haar fällt ihm übers Gesicht, reglos verharrt es dahinter und schweigt. Namen, denkt sie. Man sagt mir, sie hätten die Namen zu lernen.

An die Korinther, sagt Felicitas Mahler.

An die Korinther, sagt das Kind.

Aber die Wahrheit hat zwei Gesichter, denkt sie; das eine ist die Schrift, das andere unsere Heiterkeit. Sie betrachtet lange die sieben Kinder. Plötzlich beugt sie sich vor und klopft mit dem Lineal auf den Tisch.

Die ihn nicht gern anhören wollten, sagt sie und lacht. Aber Paulus hat gesiegt.

Das Kind rechts außen beginnt zu gähnen. Sein Nachbar lehnt sich zurück und seufzt. Felicitas Mahler legt lautlos das Lineal auf den Tisch.

Noch einmal: An wen schrieb er den Brief?

An die Korinther, sagt das Kind und streicht sich die Strähne aus der Stirn.

Da sitzen sie in ihren Bänken, kleine zugemauerte Seelen, die Gedanken im Nachmittag. Folgenlose Anwesenheit. Felicitas Mahler wünscht sich auf einmal, das Kind Martin möge die Antworten wissen auf alle Fragen, die sie zu stellen hat. Für einen Moment sieht sie ihre Fragen wie kostbare Schalen, die randvoll gefüllt zurückgereicht werden. Sie bemüht sich, das Scharren der Füße aus der ersten Reihe zu überhören.

Und weißt du auch noch, fährt sie fort, welches die anderen beiden Gaben sind?

Das Kind sieht mit raschem Blick umher. Es reibt mit der rechten Hand den linken Ellenbogen und flüstert:

Glaube und Hoffnung.

Felicitas Mahler vermeint ein unterdrücktes Lachen zu hören. Eintausendneunhundertsechzig Jahre, denkt sie, und das Lachen hört nicht auf. Vor dieser ihr seit Jahrzehnten vertrauten Herausforderung stellt sich Sanftheit ein, eine schwebende Leichtigkeit des Herzens, die sie Gewißheit nennt. Sie legt den Kopf zur Seite und sucht nach einem Gesicht, um ihre Gewißheit festzumachen an einem, der sie nicht abstreifen kann.

Denn wer nicht glauben und hoffen kann, sagt sie laut, lebt in ewiger Dunkelheit!

Sie hält inne. Das Kind Martin, sie ist sicher, hat gestöhnt. Es hängt im Bogen über der Bank, die Strähne vor dem Gesicht. Sie lauscht dem Stöhnen nach, dem überraschenden Geschenk. Die Silhouette des Kindes hinter dem Staub scheint leicht zu pendeln. Beglückt und ratlos betrachtet Felicitas Mahler die Maserung der Kathederplatte.

Du darfst dich setzen, sagt sie verwirrt.

Von dem Satz gefällt, sinkt das Kind auf die Bank. Es ordnet seine Glieder und sieht vor sich hin. Sie ist sicher, das Scharren der Füße auch aus der zweiten Reihe zu hören. Sie hat jetzt das Bedürfnis, diese Stunde zu beenden. Mit dem Lineal klopft sie auf das Pult.

An die Korinther ging der Brief, sagt sie, vergeßt das nicht. Ihr könnt jetzt gehn.

Sechs Kinder springen von den Bänken, ergreifen die Taschen und rennen los. Felicitas Mahler erlaubt sich das Gefühl der Erleichterung. Wie der verebbenden Welle einer Bedrohung sieht sie dem sechsten Kind nach, das hinter sich die Tür zuschleudert. Leise klirren die Scheiben. Sie steigt vom Pult und öffnet weit das Fenster.

Diese Unmengen Schnee, sagt sie.

Die von ihr entlassenen Kinder wälzen sich im Weiß. Ein Jubel steigt zu ihr empor. Wo in diesen Kindern hat sich so viel Freude verborgen. Wehmütig wirft sie einen Blick auf ihren Besieger, diesen Schnee, und wendet sich um. Schweigend, mit geneigtem Kopf, lehnt das Kind Martin an der Bank. Deutlich jetzt im scharfen Licht, unter dem der Staub sich gelegt hat. Es gibt Kinder wie Knöpfe, denkt die Schwester. Die stehen aus jeder Umgebung heraus, so furchtbar alleine ohne ihr Loch. Sie schließt das Fenster.

Schnee, sagt sie. Willst du nicht in den Schnee?

Das Kind streicht die Strähne zurück und versucht ein Lächeln. Von der Anstrengung gleich überwältigt, greift es nach der Bank.

Es macht Spaß, sagt sie zögernd.

Das Kind hat gar nicht hingehört. Es scheint sich Gedanken zurechtzulegen, um sie abrufen zu können, vielleicht schon gleich. Das denkende Kind ist Felicitas Mahler nicht geheuer. Kindheit hat Spiel und Freude zu sein, dessen ist sie so sicher, als gäbe es ein diesbezügliches Gebot.

Wir sollen uns freuen über alles, sagt sie und runzelt die Stirn.

Sie blickt den Jungen an und findet die Sünde ihrer Traurigkeit. Heftig wendet sie sich dem Pult zu, um die Stunde endgültig zu beenden. Hinter sich spürt sie die Bewegung des Kindes, das ihr folgt. Sie hat den Wunsch, sich auf die eine Stufe hinter dem Pult zu erheben und dreht sich um. Die Mappe unter den Arm gepreßt, steht das Kind zwei Schritte vor ihr und starrt sie an. Verwirrt bemerkt sie den Geruch nach frischem Holz, der von seinem Haar aufsteigt.

Über die Sonne, sagt sie streng. Und die Vögel.

Aber die Vögel sind jetzt gestorben, murmelt das Kind.

Nein, sagt sie. Sie schweigen nur.

Daran wird er glauben müssen, und das ist noch

die leichteste Übung. Fallen doch gegen Abend die Raben ein aufs Feld. Sie kann ihn auf die Raben verweisen, in diesem Fall.

Und im Frühjahr, fährt sie fort, kommen auch die Blumen wieder.

Das Kind scheint Blumen nicht zu mögen. Es starrt der Schwester auf das Häubchen, das weiße Häubchen der Diakonissinen. Die Schwester ist froh, daß es sich nicht an der Tracht festsieht.

Und dieser wunderbare Schnee! ruft sie.

Das Kind nestelt an der Mappe und schiebt sie vor den Bauch. Sein träumendes Gesicht steht bleich wie ein Ei zwischen Jacke und Haar. Das Eigentliche noch ganz innen, denkt sie. Wie sie geschützt sind von ihrem Traum, daß es wächst in ihnen, das Leben. Das Kind scharrt mit dem Fuß und räuspert sich.

Stimmt das, fragt das Kind: Der Teufel holt die Bösen und verbrennt sie?

Ach, die verwunschenen Prinzen! denkt Felicitas Mahler überwältigt. Sie sieht auf den gesenkten Kopf, in dem Bilder aus Märchenbüchern spuken. Eiserne Kessel über Höllenfeuern, bereitet für die winzigen Sünder und ihre Angst, ihr einziges Vergehen. Sie lächelt auf das Kinderhaupt.

So böse, sagt sie, daß der Teufel ihn holt, ist selten einer.

Aber er muß doch im Dunkeln sitzen, flüstert das Kind. Und wird schwarz dabei.

Sie hat auf einmal einen rechteckigen Schmerz in der Hand. Sie löst ihre Finger vom Lineal und reibt sich. Wie viele Balken dieses Haus hat, wenn die Kinder fort sind, denkt sie. Unter jeder Decke: Balken, die sich ächzend strecken. Welch eine Wohltat für die Balken, ohne Kinderfüße zu sein.

Schwarz, sagt Felicitas Mahler.

Draußen schreien die freien Sechs. Wenn er doch gehen könnte, denkt sie. Schneebälle werfen. Das Kind zieht einen Kreis mit der Schuhspitze. Unter dem Kinderfuß murrt der Balken. Wenn er doch gegangen wäre, denkt sie und sieht sich das Haar an. Dick fällt es über die Augen, ein umgestülptes Nest.

Du hast zuviel Phantasie, sagt sie.

Träume, die an die Luft verschwendete Liebe, denkt sie. Und als Umschlag, hoch oben und schnell, die Angst. Man muß die Träume zur Erde herunterdenken, das verdichtet sie, bis sie Stoff werden: Tat. Felicitas Mahler betrachtet ihre Hände, die furchtlos Leichname getragen haben. Ein leises Gefühl ist in ihr, so schnell verschwunden, daß sie es Glück nennen will.

Aber wenn es ihn gibt, sagt das Kind. Holt er die Bösen dann aus dem Dunkeln?

Ja, sagt die Schwester freudig, ja: Er holt die Bösen aus dem Dunkel.

Mit einer kräftigen Hand, einem Licht, das den Kreis wirft – ja, vielleicht diese scheinbare Leere, denkt sie auf einmal überrascht, in der wir stehen: jeder ein bedeutender Punkt. Draußen schlägt die Kirchturmuhr.

Du mußt nach Hause! ruft sie. Es ist schon halb eins.

Der Junge fährt zusammen, als habe die Uhrzeit ihn geschlagen. Seine Hände wühlen im Haar, er stößt ein Miauen aus; mit aufgerissenen Augen starrt er in sich hinein.

Deine Mutter wartet, sagt sie beunruhigt. Hast du es weit?

Gartensiedlung, flüstert das Kind. Amselweg 6, das Haus an der Ecke.

Es wirft den Riemen der Tasche über die Schulter und wendet sich zur Tür.

Beeile dich! ruft sie ihm nach.

Kommen Sie? fragt das Kind. Das Haus an der Ecke.

Amselweg. Bilder einer Adresse. Hecken, Tore, Kieswege, Schwimmbäder, eine gepflegte Sorglosigkeit, eine befreiende Weite von Innen- und Außenräumen, ein Glücksversprechen.

Geh, geh, sagt sie schnell.

Es geht das Kind. Lautlos schiebt es die Tür ins Schloß, im Raum steht ein feiner Holzgeruch. Schwester Felicitas Mahler sieht mit plötzlicher schmerzhafter Aufmerksamkeit den Raum an, ihren Gewährsmann, und befragt ihn nach einem Geschehen. Ihr Zeuge schweigt. Sie lauscht der Stille in den Balken. Ja, der Platz, an dem einer steht, ist der Mittelpunkt seiner Einsamkeit, denkt sie. So verschieben sich die leeren Räume der Einzelnen ineinander mit jedem Schritt und verstärken sich. Unsere immer um die aller andern vervielfältigte Leere! Entschlossen eilt sie ans Fenster, um das Kind durch den Schnee gehn zu sehen. Es trottet am äußersten Rand des Rasens und hinterläßt eine kleine Spur. Sie klopft lebhaft an das Glas. Unten das Kind zieht seine Bahn und entschwindet hinter den Häusern. Die Hand der Schwester sinkt auf den Sims.

Welch einen schönen Namen Sie haben, sagt die Frau. Die Glückliche.

Felicitas Mahler senkt den Kopf vor dem Anspruch des Namens. Ihr Blick fällt in mehrere Teppiche, die übereinander liegen. Dieser Reichtum an Schönheit in dem Haus. Fern sind die Gegenstände an ihren Plätzen. Im Herzen der Dinge muß Trauer sein, denkt sie. Die sucht sich ihren Menschen, um gelebt zu werden.

Meißner, sagt die Mutter und schenkt ein.

Wer täglich sich in der Verführung der Dinge bewegt, wieviel Kraft muß der haben. Sie sieht sich die kraftvolle Frau an, die ihr Biskuitgebäck reicht mit dem Lächeln, das jeden zum Zugreifen zwänge. Genötigt bedient sich die Schwester. Eine schöne Mutter hat das Kind. Dieses unbenützte Gesicht: Was da wohl lächelt und nicht die Spur hinterläßt. Jetzt hebt die Frau mit Anstrengung ihren Arm und all den Schmuck und einen Kaschmirärmel, schiebt mit der Hand an dem schaumigen roten Haar und sagt:

Welch ein sinnvolles Leben.

Ja, erwidert bescheiden die Schwester.

Sie blickt zum Fenster hinaus. Im gesamten Ausmaß der Glaswand hat sie vor sich: den Schnee. Zaunlos liegt das Gelände im Rahmen. In welche Unendlichkeit geht dieser Garten über, denkt sie, schon verführt. Das Kind Martin neben ihr reibt seinen Fuß am Stuhl.

Du hast gewiß, sagt sie, im Garten einen Schneemann gebaut.

Das Kind schlingt seinen Fuß um das Stuhlbein. In unaussprechbarem Bedauern senkt es den Kopf. Das Haarnest fällt. Dick und biegsam wie Sommergras, denkt sie, aufs neue überrascht. Das Kind pendelt langsam mit dem Kopf.

Nein? fragt sie.

Nein, sagt das Kind.

Irgendwo in den Tiefen des Hauses wird leise eine Tür geschlossen. Wie ein verspäteter Luftzug streift den Rücken der Schwester ein Frösteln. Um das Haus herum streicht langsam die Sonne. Sie bemerkt das Nahen des Lichts auf dem Schnee.

Wo ist dein Vater? fragt sie.

Verreist, sagt das Kind.

Chinesischer Tee, sagt die Mutter. Import. Wir haben zu kämpfen.

Der Blick von Felicitas Mahler fällt auf ihre eigenen Hände, die von Arbeit und Mühsal sprechen; sie versteckt sie schnell in einer Falte ihrer Tracht. Neben sich spürt sie das drängende Schweigen des Kindes. Aber in seltenen Fällen, denkt sie, tritt einer herein in den Raum der Leere um uns herum, als habe er selber die Leere nicht, und ist doch weiter von uns entfernt als jeder andre.

Gestern, sagt sie zögernd, hast du in der Stunde gefehlt.

Das Kind erschrickt. Es starrt vor sich hin und erinnert sich: Es hat gefehlt. Was hat es vergessen?

Es wendet sich der Mutter zu, daß sie ihm beim Erinnern helfe.

Das ist aber nicht schön, sagt die Mutter und lächelt. Er gibt doch sonst keinen Anlaß zur Klage?

Nein, versichert die Schwester eilig. Er ist so ein liebes Kind.

Nicht wahr, sagt die Frau.

Und so still, fügt die Schwester hinzu.

Die Stille der Kinder ist wie Ursprung, unbeladen von Erinnern. An die Stille ihrer Kindheit erinnert Felicitas Mahler sich nicht. So wird es sie wohl gegeben haben. Sie wirft einen Blick auf das Knäuel Kind. Es hat sich in sich eingenistet, ihr erscheint es wie Verrat. Sie möchte das Glück der Kindheit mit ihm teilen dürfen.

Allerdings, fährt die Frau fort, hat er zuviel Phantasie.

Ja, der Teufel, sagt die Schwester.

Der Teufel, fragt interessiert die Frau.

Und das Glück, denkt Felicitas Mahler, der Himmel, das Leben. Unsere unruhigen Gefühle, die wir in Namen schütten wie in Gefäße, um sie greifen zu können.

Kinderängste, sagt sie rasch.

Was hast du der Schwester erzählt, Martin? fragt die Frau.

Das Kind fährt sich durch die Haare auf der Suche nach einem Wort, das überzeugender wäre als: nichts. Felicitas Mahler denkt ängstlich: Er wird es nicht finden. Das Kind schlingt die Beine um den Stuhl.

Nichts, sagt die Schwester.

Auch keine Geschichten? fragt die Frau.

Das Kind schüttelt heftig den Kopf.

Von schwarzen Händen, fährt die Frau fort, und dunklen Zimmern?

Das Kind flüstert: Nein.

Du weißt, sagt die Frau, was wir ausgemacht haben.

Sie streicht mit der Hand über ihre Stirn. Das Kind verfolgt die Bewegung mit angehaltenem Atem.

Es gibt, sagt die Frau, da ein paar Dinge, die er noch nicht versteht.

Er nimmt alles etwas schwer? fragt die Schwester.

Es ist nicht einfach mit ihm, sagt die Frau.

Die Schwierigsten, sagt die Schwester, sind oft die Besten.

Er muß nicht der Beste sein, sagt die Frau.

Auch Felicitas Mahler würde ein Guter genügen. Voll Sympathie betrachtet sie die unvermutete Bescheidenheit. Ihr fällt ein, daß Eltern ihre Kinder lieben, weil die Schöpfung das so vorgesehen hat. Auch tote Eltern haben geliebt, dessen darf man sicher sein. Still sitzt das geliebte Kind auf dem Stuhl.

Voller Geheimnis ist er, klagt die Frau.

Felicitas Mahler erinnert sich, daß es Geheimnis gegeben hat. Wo es war, ist nun nichts. Wohin verschwindet eine Kindheit. Das Einzige, das mit Sicherheit jeder besessen hat. Sie, beunruhigt, sucht die ihre im Garten.

So viel vergeudetes Weiß, murmelt sie.

Ich verabscheue den Winter, sagt die Frau.

Die Schwester möchte zu bedenken geben, daß man annehmen sollte, was kommt. Die Schwester nimmt die Verabscheuung der Mutter an und schweigt.

Ich bin so viel allein mit dem Jungen, fährt die Frau fort. Und er entzieht sich.

Felicitas Mahler durchblättert im Geist die Bibel und findet das vierte Gebot. Ehren die Träumer Vater und Mutter in ihren kleinen inneren Himmeln? Zweifelnd betrachtet sie das Kind, das ihnen die Ehre seiner Aufmerksamkeit verweigert.

Wo er nur ist, sagt die Frau.

Es muß ein Ort der Freude sein, denn das Kind zeigt Spuren von Lächeln. Was dieses Kind da gefunden hat! Sie wendet sich heftig ab.

Und essen mag er auch nicht, sagt die Frau.

Du willst doch groß und stark werden, murmelt die Schwester.

Es lächelt das Kind. Klein und stark lebt es an seinem Ort vielleicht besser. Und ist so gut genährt. Felicitas Mahler drängt sich das Wort Frieden auf wie eine Sehnsucht.

Und in der Nacht, da schreit er manchmal, sagt die Frau.

Was? fragt die Schwester.

Nichts. Nur schrein, sagt die Frau.

Unsere unzureichenden Ausdrucksmittel, darunter die unhörbaren Rufe. Ach, denkt Felicitas Mahler müde, unsere ungeübten Seelen! Das Kind schlägt mit dem Schuh an den Stuhl. Sie wünscht sich, sie fände ein Wort wie den Schlag. Angesichts ihrer gefalteten Hände fällt ihr ein, worauf sie sich versteht. Jetzt einen Trost geben dürfen, denkt sie und sieht das Kind sehnsüchtig an.

Du brauchst keine Angst zu haben, sagt sie.

Die redet ihm keiner aus, sagt die Frau. Die liebt er.

Das Kind in seiner angespannten Sanftheit fängt zu schnaufen an. Felicitas Mahler sitzt weit entfernt hinter dem Kindesort. Das muß doch, denkt sie, ein Himmel sein, weil Kinder noch von der Hölle verschont sind. So hoch oben ist das Kind und freut sich nicht. Ein Vogel durchquert den Fensterrahmen, der Kinderkopf folgt ihm. Er beschreibt einen halben Kreis und bleibt am Gesicht der Schwester hängen. Diese sieht in den langen Blick und sucht auf dem Grund den versunkenen Engel.

Rabe, sagt das Kind.

Siehst du, sagt sie: Sie leben.

Das Kind schließt die Augen und lächelt innig. Felicitas Mahler dankt still dem gesandten Zeichen.

So schwarz, flüstert das Kind. Ganz schwarz.

Sie bemerkt jetzt zwischen Hose und Schuh des Kindes rote Strümpfe, das beruhigt sie. Wie sich die Kinderwünsche doch gleichen über Jahrzehnte, denkt sie, die graue Strümpfe besaß. Gleichgültig baumelt das uralte Kind mit den schönbestrumpften Füßen. Felicitas Mahler nestelt an ihrem Kragen. Wir haben einander zu leuchten, denkt sie und fragt sich, weshalb ihre Anwesenheit hier nichts erhellt.

Da sehen Sie es, sagt die Frau. Ganz schwarz.

Um ihren Kopf steht, von hinten bestrahlt, das rote Haar. Sie zieht eine Braue hoch. Die Unschuld hat eine Farbe, denkt die Schwester zusammenhanglos. Welche hat die Schuld. Verständnisvoll lächelt das Kind ihr zu. Sie spürt auf einmal ihr Herz unter der Wucht eines plötzlichen Glücks.

Auch schwarze Vögel muß es geben! ruft sie.

Was an Geständnissen möglich ist! Neben ihr sitzt das Kind, das sie war und begraben hatte, und sieht sie an. Es zieht den linken Fuß auf den Stuhl und legt den Kopf auf das Knie. Auferstanden von den Toten. Das Lächeln des Kindes schließt Kammern auf. Dahinter liegt unberührt eine Zeit. Die Zeit, die vor uns nicht sterben kann, weil sie Gedächtnis geworden ist. Ihr schmerzt das Herz vor Wärme wie ein vereistes Glied.

Du würdest gern fliegen, flüstert sie.

Ernst und bejahend blinzelt das Kind durchs Haar, das ihm über die Augen fällt. Beladen mit diesem Nest auf dem Kopf. Und rennen, denkt sie, in eine Richtung: fort. Später sieht dann alles wie Heimat aus, so fremd. Für die, die nicht zur rechten Zeit gerannt sind.

Möchtest du nicht einen Hund, fragt sie.

In dem Kind erwacht ein kleines Verlangen; es sucht die Teppiche ab nach einem Platz für den Hund. Und eine Ziege, denkt sie. Und einen Hut mit Blumen. Sie wird dem Kind die Wünsche buchstabieren, bis sie sich wiederfindet. Einen Schlitten mit Glocke dran. Und im Schnee einschlafen dürfen ein für allemal.

Oder ein Meerschwein, sagt sie verzweifelt.

Beunruhigt sieht das Kind sie an. Es hat sich der Schwester zugemutet. Es übersteigt der Schwester Maß. Die Schwester weiß: das weiß das Kind. Schuldig vor der Schwäche, die es hervorruft, senkt es den Kopf. Felicitas Mahler hat das Gefühl einer unverzeihlichen Verjährung. Als habe sie vor langer Zeit in sich etwas übersehen, das sie um dieses Kindes willen nicht hätte übersehen dürfen.

Vielleicht einen Hamster, bietet flüsternd das Kind an.

Gegenüber den beiden regt sich die Frau. Die Platte des Tischs, der sie trennt, spiegelt eine Bewegung in Rot. Felicitas Mahler fragt sich, ob der Kopf genickt hat oder geschüttelt wurde. Das Kind lugt durch sein Haar und erschrickt.

Ich glaube, ich muß es der Schwester sagen, sagt die Frau.

Das Kind hockt zusammengestaucht und winzig und öffnet die Augen.

Weil es die Wahrheit ist, fährt die Frau fort.

Gebannt verfolgt das Kind ihre Hand, die über die Glasplatte streicht. Die Ringe zirpen. Die Frau beugt sich vor. Das Kind weicht zurück.

Er hat, sagt sie.

An die Lehne gepreßt, erwartet das Kind mit offenen Augen die Wahrheit.

Er hat einem Käfer ein Bein ausgerissen.

Nicht mit Absicht! ruft Felicitas Mahler.

Oder doch nicht ein Himmel für ihn? Nur eine Blase aus Luft? Darinnen er sitzt und vergessen hat, was recht und unrecht ist. Die Schwester fällt tief aus ihrem Verständnis. Verzweifelt wendet sie sich dem Kind zu. Das lächelt sie an. Dieser sanfte Mörder.

Einem lebenden Käfer? ruft sie.

Er lief weiter, flüstert das Kind. Er hatte noch fünf Beine.

Vorsätzlich. Sehend. Mit Lust? Mit Lust.

Und das Bein lief allein, sagt zärtlich das Kind.

Nicht lange, sagt die Mutter ruhig.

Das Kind, getroffen, erwacht. Es blickt umher und sucht sich die Dinge ins Vertraute zu ordnen. Spricht es im Traum am lichten Tag, hat es auch träumend das Bein ausgerissen. Glücklich betrachtet die Schwester das verwirrte Kind.

Das war das letzte Tier, sagt die Frau, das er mir ins Haus gebracht hat.

Käfer wollen im Garten sein, sagt Felicitas Mahler.

Wo etwas hingehört, da soll es bleiben. Ist doch jedes an den Platz gestellt, an dem es nützt. Kinder dürfen einstweilen nur da sein. Sie werden lange vorbereitet. Manche sind zu früh von Nutzen, die sind schneller abgenützt.

Du hast es gut, sagt sie zerstreut.

Wie gut es Kinder heute haben. Weiß dieser Junge, was Hunger ist? Er weiß es nicht. Sie gibt sich Mühe, ihm sein Guthaben nicht nachzutragen. Freudlos starrt das Kind vor sich hin.

Diese schönen Dinge, sagt sie verärgert.

Weil man für alles dankbar sein sollte, und seien es rote Strümpfe. Angesichts des schweigenden Kindes entweicht ihr die Kraft zur Freude. Als ströme durch eine ihr bisher verborgen gebliebene Öffnung ihr Kostbarstes aus. Sie starrt in den Teppichflor. Ein Käferbein müht sich durch die Wolle, ein lebendes Bein. Felicitas Mahler tritt heftig mit dem Fuß auf die Erscheinung und zermalmt sie.

Oh, sagt leise das Kind.

Die Frau richtet sich im Sessel auf. Mit neuerwachtem Interesse betrachtet sie den Gast.

Und mit nichts ist er zufrieden, sagt die Frau.

Die Schwester sieht die Dinge an. Sie fühlt sich außerstande, den Wert der Dinge abzuschätzen. Sie weiß etwas von Waisenhäusern, ihr fällt dazu ein: Bohnerwachs und Kohl. Eine Mutter zu haben muß großes Glück sein. Schlaflieder und Umarmungen und ein Garten voll Blumen. Sie erinnert die Farbe Ocker, die auf die Wände gestrichene falsche Wärme, nachts von rastlosen Fingernägeln heruntergeschabt. Das Kind hat Tapete und Teppich. Hinter dem Haus den Wald. Vor den Augen der Schwester türmt sich das Glück des Kindes ins Grenzenlose.

Nichts fehlt dir, sagt sie heftig. Nichts.

Langsam wendet das Kind sich ihr zu, beladen von einem Alter, das Felicitas Mahler, sie weiß es, nie haben wird. Bleibt dem, denkt sie wehmütig, doch wenig Zeit zum Reifen, der zu spät mit dem Erinnern beginnt. Aus den Abgründen dieses Gesichts leuchtet verführerisch der Schmerz. In seinem Sog beugt sie sich über den hingehaltenen Kopf.

Ja, sagt das Kind und lächelt.

Sanft ist seine Nachsicht und groß. Und himmelschreiend das Unverständnis, dem es sich nicht erklären möchte. Sehr in sich geborgen jetzt, verschränkt es die Hände im Schoß. Vor dem Gesicht steht das Lächeln wie Glas.

Was suchst du denn, ruft sie verzweifelt.

Nahe, sehr nahe sitzt das Kind neben ihr auf dem Stuhl. Aber wenige, Seltene, denkt sie schnell, haben den weichen Kreis aus Leere in sich hineingeholt und leben dort, umspannt von ihrer Haut. Solche darf man nicht stören, und sie sind ja auch beschützt. Sie betrachtet lange das Kind in seiner Versunkenheit.

Keine Antwort, sagt die Mutter. Er gibt einfach keine Antwort.

Wie gut ist es, nicht gefragt zu werden. Felicitas Mahler setzt sich gerade. Lasset die Kinder zu mir kommen, hat einmal einer gesagt. Sie faltet die Hände und schickt ihm das Kind.

Verstockt und boshaft, sagt die Frau. Und so verwöhnt.

Ein Kind, sagt sie.

Kinder sind schwach. Die Schwester ist schwächer. Sie wirft einen Blick auf die unbegreifliche Stärke des in sich versammelten Kindes.

Ich wünschte, Sie würden ihm sagen, sagt die Frau, daß er ein Träumer ist.

Du bist ein Träumer, sagt die Schwester.

Der es zu nichts bringen wird, fährt die Frau fort.

Felicitas Mahler seufzt.

Und daß er mit mir reden soll, sagt die Frau und fängt zu weinen an.

Sie sitzt vor der späten Sonne, ein aufrechter Schatten. Wie einem folgen an seinen Ort, denkt die Schwester. Sie blickt in das schmerzhafte Gleißen des Schnees.

Wozu habe ich dieses Kind, sagt die Frau.

Sie sieht die Schwester an und will die Antwort hören. Die Schwester beginnt zu frösteln unter dem schwarzen Schauen. Ihr fallen drei Gewißheiten ein wie Erinnerungen, die sie mit aller Kraft jetzt denken will, als stünden sie auf dem Schnee geschrieben. Zum erstenmal begreift die Schwester das Lebensnotwendige einer Schrift.

Paulus, murmelt sie.

An die Korinther, erwidert das Kind.

Es wendet den Kopf und sieht zu ihr auf. Freundlich verfolgt es die Vorbereitung zu dieser Flucht.

Du brauchst keine Angst zu haben, sagt hastig Felicitas Mahler.

Ja, sagt das Kind.

Es blickt sie an voll Verständnis. Sie weiß, es wird ihr weitere Ängste nicht zumuten. Beschämt betastet sie das Häubchen. Sechzig Jahre groß ist die tötende Heiterkeit ihres Herzens. Sie starrt das Kind an und all den Glanz des entrückten Lächelns. Ein letztes Mal aufgerufen, ihm zu folgen, daß es nicht verlorengehe. Sie wendet sich ab.

Vielleicht kommen Sie wieder? fragt die Frau und steht auf.

Gern, flüstert sie.

Die Schwester flieht in den frühen Abend. Hinter dem Haus beginnen die Felder. Wie schön für das Kind, daß es Felder hat. Am Horizont wartet still der Wald. Auf jeden, denkt sie, der sich gemeint fühlt. Die Schwester hört sich laufen auf dem gefrorenen Schnee. Sie steigt über verharschte Bepflanzung, am Saum der Tracht hängt Eis. Aus den Fenstern fallen die Lichter. Die Schwester rafft das beschwerte Gewand und hebt es über weiße Büschel. Sie würde jetzt gern ein Läuten hören, und wäre es nur von einer Glocke. Beunruhigt sucht sie im fahlen Himmel die ganze Größe dieses Schweigens. Übers beschneite Feld wanken Raben. Sie sieht umher und findet keinen Anlaß zum Danken. Sechzig Jahre, denkt sie und hält inne vor einem Zaun. Sechzig Jahre, ein Leben. Verschont geblieben von der Verzweiflung. Es überkommt sie der Verdacht, daß dies nicht Gnade gewesen sein könnte. Die Schwester umklammert das Lattenholz. Sie würde gern fallen und hält sich. Über das Feld ist der Abend gekommen. Weit in der Ferne bellt ein Hund. Langsam beugt sie sich unter der Strafe der Unversehrtheit des Herzens über den Zaun. Unter dem Nachthimmel leuchtet der Schnee. Schwester Felicitas Mahler neigt ihren Kopf zu dieser Erde und sieht ihrem Gott in sein furchtbares Antlitz.

Nahaufnahme

Das Kind ist ein schweigsames Kind. Seine Krankheit hat keinen Namen, denn was einen Namen hat, das ist wirklich, und das Kind ist nicht wirklich krank. Es sieht nur ein bißchen schlecht. Die Krankheit hat auf Armeslänge um das Kind herum einen Rand gezogen. Bis dorthin erkennt der kraftlose Blick. Dahinter stürzt er ab. In der Nacht liegt das Kind lange wach. Es denkt sich viele andere, die in Betten liegen und ins Dunkel sehen, und freut sich seiner Ebenbürtigkeit. Wenn es schläft, träumt es große randlose Bilder. Beim Erwachen hat das Kind den kleinen Morgen vor sich. Der Morgen endet über dem Bettzeug, dahinter steht weiterhin die Nacht. Nicht Mitternacht: früher Winterabend. Schatten in übergrauten Farben. In Abständen wird das Kind überprüft. Schau mal, dort hinten: Was siehst du da? Das Kind schließt die Augen, auswendig weiß es die Antwort.

Einen Rand.

Der Rand rückt näher mit der Zeit. Es wird sich hüten, das zu verraten. Die Krankheit des Kindes, die armweit entfernt ist, macht den Eltern Kummer genug. Eines Tages wird die Krankheit dem Kind auf die Haut gerückt sein. Was macht die Krankheit den Eltern dann, wenn sie hautnah ist.

Das Kind will sich da lieber nicht zuviel ausmalen. Es bleibt also bei dem offiziell gezogenen Rand. Auch die Brille hilft ihm nicht viel weiter. Warum muß ich eine Brille tragen, fragt das Kind den Vater.

Damit du mich besser sehen kannst.

Manchmal läuft der Vater durch den Sichtraum des Kindes wie durch einen Flur, und das Kind, auf plötzliche Nähe nicht vorbereitet, zuckt so heftig zusammen, daß der Vater erschrickt und stehenbleibt. Das Kind starrt den hereingewehten Vater an und wünscht sich, er möge gleich wieder gehen oder einmal so lange bleiben, daß die Freude, die langsam kommt, ihn noch antrifft. Ohne Hoffnung suchen die Augen des Vaters sein Gesicht ab und sind nicht enttäuscht, wenn Antworten dort nicht zu finden sind. Der Vater seufzt und lächelt ermunternd und geht. Das Kind ist dann lange damit beschäftigt, die für nichts zu verwendende Ermunterung wieder auszuräumen.

Ich schaffe das nicht allein mit dem Kind, flüstert im Hintergrund die Mutter.

Um das Kind herum wird ständig geflüstert. Jeder setzt voraus, daß das Kind mit den schwachen Augen das Geflüsterte nicht versteht. Verwunschen sitzt es in seinem Sichtraum und hört jedes Wort. Leicht verliert es sich da im Lauschen auf Leises und ist auf Überfälle nicht mehr vorbereitet. Plötzlich fährt ein Kopf in den Brennpunkt seiner Augen hinein, und ein unbekannter Mensch schreit ihm genau und einfach formulierte Freundlichkeiten ins Gesicht. Das Kind prallt zurück, und die Mutter sagt mit heftigem Nachdruck: Nein, nein, er sieht nur schlecht! Und eine Spur von Enttäuschung ist dann in dem fremden Gesicht, und wenn es weg ist, hält das Kind sich die Ohren zu, damit es das Gesicht vergißt.

Kinder werden dem Kind gefährlich. Kinder schleudern Bälle und verbeulte Dosen, Gegenstände, die das Kind verletzen können, und die Mutterhand zieht das Kind schnell ins Haus, wo es seine Erregung auf eine Spielzeugtrommel wirft und sich mit Lärm zuschüttet, für lange Zeit verletzt von den Zeichen des Versäumten. Vor den Kindern wird das Kind bald nicht mehr behütet werden müssen. Er ist so vernünftig, sagt die Mutter. Weit über sein Alter hinaus. Das Kind legt die geschundene Trommel weg und rührt nicht mehr daran, versenkt Erinnerung und Möglichkeit in der Vernunft und schweigt, weit über jedes Alter hinaus.

Der Junge braucht einen Freund, sagt der Vater im Arbeitszimmer.

Einmal, zwei volle Stunden lang, hatte das Kind einen Freund. Nach langem Suchen fand sich ein Junge, dessen Eltern bereit waren, ihn Freund sein zu lassen. Er kam an der Hand seiner Mutter, die Mutter stellte dem Kind ein paar Fragen, nickte und ließ den Jungen da. Der neue Freund war blaß vor Angst, schob dem Kind heftig Bauklötze hin und sah es unverwandt an. Er schien krank zu sein, denn er zitterte, und als das Kind etwas sagte, erschrak er fast zu Tod. Er war mager und sehr schön angezogen, das Kind mochte seine Samtschleife unterm Kragen, und es griff danach. Den Freund befiel ein schreiendes Entsetzen. Er riß den Mund auf und hielt die Hände abwehrend von sich gestreckt, und seine Mutter entzog ihn rasch dem Kinderblick und nahm die Freundschaft für immer zurück. Das Kind lauschte auf das Wimmern seines Freundes, der draußen auf der Treppe stand in seiner ganz eigenen Krankheit, und es hätte gern gewußt, was dies für eine Krankheit war und ob sie ihn heilen konnten, dort bei sich zuhaus.

Damals begann das Kind, sich mit sich selber wohlzufühlen. Ohnehin ist es nicht dafür eingerichtet, zwei Menschen gleichzeitig zu sehen. Es bekam dann einen Garten. Ganz für sich. Das Kind läuft in ihm herum wie in einem richtigen Garten, der nicht nur aus Gras an der Vorderseite und Gras an der Hinterseite und Gras in allen Ecken besteht. Das Kind umrundet in vollem Lauf die vor Jahren entfernten Apfelbäume und rennt hinterm Haus in die Montagswäsche hinein, obwohl es die hätte sehen müssen, und es wickelt sich schnell ein Laken um, denn die Mutter ruft aus dem Küchenfenster: Was spielst du da? Das Kind ruft: Gespenster!, und das klamme Tuch macht ihm Gänsehaut. Vom Zaun steigen Raben in die Luft. Sie fliegen wie geworfene Steine und fallen geräuschvoll in einen Baum. An Regentagen steht das Kind verbotenerweise im Dachbodenfenster und sieht dem Rabenflug zu, von dem es nichts wissen darf und deshalb nichts weiß.

Sonntags kommt manchmal ein Gast. Nach der Begrüßung sagt die Mutter lächelnd: Den Tisch deckt unser Sohn!, und das Kind, von dem Lächeln wie aufgezogen, eilt durch die Zimmer des Hauses, als sei es eines der üblichen Häuser, als sei hier nicht die Möblierung an den Wänden entlanggereiht, und das Kind zählt die Schränke ab und entnimmt Nummer sieben das Gedeck, weil auf die Zahlen unbedingt Verlaß ist und weil Worte, wenn sie einmal gesagt sind, nie wieder auszustreichen sind. Als sie das neue Haus bezogen hatten, kam die Nachbarin. Sie hatte sich nicht angemeldet, das Kind trug die geflickten Hosen. Als es geholt und vorgezeigt wurde, merkte es an der Freundlichkeit, daß die nötigen Erklärungen bereits gegeben worden waren. Der Kopf der Nachbarin kam herab, und ihr Blick ging mit entzückter Erregung auf seinem Gesicht hin und her. Sie konnte sich schwer zum Gehen entschließen. Unter der Tür blieb sie stehen, und das Kind vernahm die geflüsterte Botschaft der Endgültigkeit.

Das Leben, liebe Frau, das Leben schlägt uns Wunden.

Die Mutter, die es alleine nicht schafft, sucht Unterstützung bei Kleidern aus festen Stoffen. Die Stoffe fallen mit Entschiedenheit, und manchmal bindet sie ihnen eine Schürze vor. Es gibt aber auch Tage der Zuversicht. Dann trägt die Mutter Kleider, die wehen wollen im Lauf und sich vor den Augen des Kindes unbehaglich bauschen. Das Kind sieht die Stoffe und weiß Bescheid. Gleich wird sie ihm einen Gang in die Stadt vorschlagen. Sie schlägt ihn vor. Das Kind möchte sich ihre Freude für eine Weile erhalten und sagt ja.

Der ganze Gang ist eine Mühsal vom ersten Schritt an. Die Stadt besteht aus ineinanderverknäulten Geräuschen, die von Balkonen fallen und aus Höfen steigen. Das Kind wird an knarrenden und schlurfenden Rätseln vorbeigeführt. Manchmal kommt etwas Bekanntes hoch, dann läßt das Kind sich aufgeregt und ausführlich darüber aus. Es hofft auf bellende Hunde und Gelächter, da kann es nicht danebengreifen. Alles, was auffallend ist und schweigt, ist eine Falle. Und gezogen von einer Hand und einer Erwartung, hastet das Kind, steif vor Aufmerksamkeit, durch die Straßen und findet nach kurzer Zeit die einfachsten Lösungen nicht mehr. Hat es den Stadtgang bestanden, bekommt es eine vergnügte Mutter und ein Eis, und am Abend erfährt der Vater, daß die Hoffnung nicht getrogen hat. Ich glaube, er sieht schon etwas besser, sagt dann die Mutter, so stolz und erschöpft, als hätte sie die Kinderaugen eigenhändig geschärft.

In der Stadt versucht die Mutter manchmal das Glück und kauft am Lotteriestand zwei Lose. Aber das Glück ist grenzenlos und hält es nicht aus in Räumen mit Rändern, wo nur das Leben Platz hat, das Leben schlägt Wunden. Sie entrollen ihre Röllchen. Es war nichts mit dem Glück. Es bleibt ihnen nur das Leben, und die Mutter ist geschlagen mit einem mit wachsender Krankheit geschlagenen Kind.

Eines Morgens im Mai ist eine Aufregung draußen im Gang. Das Kind hat Geburtstag, das macht den Morgen irgendwie größer, zumindest paßt auf einmal viel in ihn hinein. Vor das Kind wird eine Torte geschoben. Es folgen eine Schale Bonbons, zwei Handspielpuppen, ein Holzbaukasten und Pakete in blauem Papier. Nun doch etwas bedrängt, steht das Kind still vor der Fülle und nimmt sich ein Bonbon. Jenseits des Randes wünscht ein Kinderchor dem Kind alles Gute, aber dann bleibt er hängen im Text und wiederholt verzweifelt, für dich! für dich!, und die Mutter gibt ihm hastig einen Schubs. Der Vater sagt: Du verwöhnst ihn!, und die Mutter sagt: Er hat doch sonst nichts. Das Kind jedoch hat einiges und ist mit ihm beschäftigt. Es hat die genaue Kenntnis seiner neuen Jacke aus grüner Wolle. Zweimal fünf Maschen zum Zopf verschlungen, rechts und links und am Ärmel. Zwei Taschen innen, zwei außen. Fünf Knöpfe aus Holz. Da fallen ohne Warnung die Hände der Mutter in die Wolle ein und schlagen ihr ein Haar vom Kragen. Sie stecken auch gleich einen Knopf in ein Loch und pflücken einen Kuchenkrümel aus einer Jackenmasche. Die zehn Finger der Mutterhände spazieren auf dem Kind herum und bereiten es für die Ferne zu. Denn der Tag ist eine einzige Feier, und mittags fahren sie ins Grün. Hinter den Scheiben rasen die Schatten. Das Kind möchte wissen, ob auf den Weiden Kühe stehen. Keine Kühe, sagt die Mutter. Sie zählt auf, was es zu sehen gibt: einen Turm, ein Fahrrad, einen Bach. Sie läßt aus, worauf sie den Vater mit dem Ellenbogen aufmerksam macht. Der Vater brummt zustimmend oder zweifelnd. In dem Kind nagt der Verdacht, daß man ihm doch die Kühe vorenthält. Sie fahren schon eine Stunde. Das Grün lebt zurückgezogen in der Einöde. Vielleicht hatte es die Menschen satt. Unbeweglich steht vor dem Kind der Nacken des Vaters, ein kleines Stück hellblauen Hemdes, ein Kopf voll dunkelbraunem Haar. Auf einer Wiese packen sie ihr Picknick aus. Das Kind stürzt seine Augen auf eine rotweißkarierte Decke, Töpfe, Schüsseln und Salat. Als Nachtisch nimmt es noch den Anblick eines samenden Löwenzahns auf. Dann gehen sie am Waldrand entlang, der Vater weit voraus. Die Kinderbeine sind in Feindesland, der Feind hat Wurzelschlingen ausgelegt, und die Mutterhand ist damit beschäftigt, die Füße aus den Fallen zu ziehen. Der Vater kehrt aus der Ferne zurück mit Gräsern und der Erzählung von einem Reh. Dann drehen sie um und nehmen einen anderen Weg mit anderen Fallen. Am Waldrand ist ein Gehöft, und das Kind fragt noch einmal nach Kühen. Es liegt aber nur ein Hund an der Kette, und der Vater bringt ihn zum Bellen, damit auch das Kind etwas von ihm hat. Auf der Rückfahrt steht über dem Vordersitz der Kopf des Vaters, und ein weißer Schirm vom Löwenzahn hängt in seinem Haar.

Die Tage werden länger, es wird warm. Es soll da auch einiges blühen jetzt, die Mutter stellt ein paar Zweige wie Beweise in die Vase, und das Kind sitzt im Gartengras, aus dem nichts werden will. Aus dem offenen Küchenfenster kommt das Geklirre von Geschirr. Gern würde sich das Kind mit der Küche einmal näher befassen, aber die Küche ist ihm verboten. In der Küche sind die

Messer. Die Messer sind fast schon der Tod. Ungern tut das Kind etwas Verbotenes, aber die Tage sind so lang geworden. Erlaubtes füllt sie nicht mehr. Als nach dem Abendessen alles ruhig ist, zieht sich auch das Kind zurück. In der Küche macht es eine Schublade auf und betrachtet die Messer in ihren Abteilen, die Silbermesser, Obstmesser, Küchenmesser und die Messer für den täglichen Gebrauch. Das Kind macht die Schublade zu und öffnet einen Schrank. Es findet Weingläser, Reiben, Kartoffelschäler, Korkenzieher und das neue Porzellan. Es sieht sich die ganze Ausstellung aus Gefährlichem und Gefährdetem an. Dann steigt es auf einen Stuhl. Vom Stuhl steigt es auf den Tisch. Es sieht in die Tiefe, durch Küchenfußboden und Keller hindurch, hinein in sagenhafte Höhlen. Das Kind möchte etwas fallenlassen wie in einen Teich, etwas, das lautlos sinkt und Ringe hinterläßt. In der Tiefe ist es dunkel, da zünden sie schwache Lichter an, und der eine sieht so wenig wie der andre, der fast gar nichts sieht. So hocken sie beieinander und lauschen, und ihre Ohren fangen den fernsten Ton auf, und der eine glaubt dem andern aufs Wort, wenn der etwas gehört hat, was da ist, obwohl es keiner sieht. Das Dunkel zieht mit ganzer Kraft die Beine von Tisch und Kind hinab. Im Kopf des Kindes wirbelt ein Schwindel, und fallsüchtig sieht es nach unten und klammert sich an ein Bord. Auf dem Bord drängen Gläser sich mit leise klirrendem Protest aneinander. Das Kind hört die gläsernen Glocken und fühlt sich irgendwie gerufen. Oder angekündigt.

Schon erwartet von denen, die im Dunkel sind. Das Kind möchte gleich nochmal gerufen werden, mogelt ein bißchen und schiebt das Glas, und hinter ihm brechen die Glocken in einen so gewaltigen Ruf aus, daß der Vater die Küchentür aufreißt und schreit: Die guten Gläser! Auch die Mutter stürzt herein. Das Kind bemerkt mit Erstaunen, wie klein die beiden sind. Sie werfen entsetzte Blicke hinauf. Das Kind auf dem Tisch nimmt die Blicke mit leiser Herablassung entgegen. Die Mutter fragt den Vater, was denn geschehen sei. Er hat das Glas hinuntergeworfen, sagt der Vater. Die Mutter schlägt vor, das Glas sei ihm aus der Hand gefallen. Der Vater seufzt. Sie einigen sich: Das Glas ist dem Kind aus der Hand gefallen. Das Kind schämt sich eines ungeheuren Mißverständnisses und würde gern eine Wahrheit sagen, wenn es eine wüßte.

Eine Woche später findet das Kind im Garten einen toten Raben. Der Rabe liegt verrenkt im Gras, äußerlich lose zusammengehalten von Federn und Haut. Die Füße sind unter dem Bauch zusammengekrallt, als hielten sie ein Geheimnis fest. Zögernd streckt das Kind die Hände aus, legt sie auf den noch warmen Leib und sieht in den stehengebliebenen Blick, als sei von ihm etwas abzulesen. Da bricht von hinten der Vater ein. Pfui Teufel, ruft er, du wirst krank werden, er ist voller Bakterien! Das Kind ist fest in der Hand des Vaters, und unerreichbar fern im Gras liegen die blicklosen Augen, von denen das Kind jetzt angesteckt ist. Der Vater kommt mit einer Schaufel und schaufelt den Tod in die Abfalltonne. Im Bad wird das Kind gesäubert mit Seife und Nagelbürste, der Vater schrubbt jeder Hautfalte die Erinnerung an den Vogelleib aus und tut zum Schluß Kölnisch Wasser darüber. Die geflüsterte Nachricht kommt aus der Küche.

Es wird Zeit, daß er in die Schule geht.

Wieder einmal ist ein Gast zum Essen da. Über die Suppe hinweg spricht der Gast von der neuen Umgehungsstraße. Das Kind ist von einer unbekannten Bedeutung schmerzhaft angespannt. Ein Salatblatt fällt auf den Teppich. Die Mutter lacht und sagt, das sei nicht so schlimm, und der Vater lacht auch, und auch der Gast sagt, das sei wirklich nicht so schlimm. Das Kind sitzt steif auf seinem Stuhl und hat Angst, plötzlich mittendurch zu reißen. Es würde gern in sein Zimmer gehen. Aber der Gast möchte ein paar Spiele mit ihm machen und schiebt einen Sucherblick in den Brennpunkt seiner Augen hinein. Du willst doch sicher in die Schule gehen, sagt der Gast. Immer so alleine zu sein, das ist doch nichts.

Im Raum des Kindes sind auf einmal Wolken. Seine Hände greifen hindurch und bauen unbesehen aus Klötzen einen Turm. Der Sucherblick tastet sich durch das Gewölk. Das Kind sieht nicht hin. Es könnte sonst gesehen werden. Geschützt vom Grau, zeichnet das Kind einen Baum. Es überläßt ihnen seine Hände. Wenn sie nur die Augen nicht wollen. Das Kind schüttelt eine Dose und läßt Mäuse in Fallen laufen. Das Kind ist klug und ein Betrüger. Es verrät nichts über den Rand.

Fast wagt es schon, sich zu freuen, da wird hinter ihm ein Ergebnis besprochen. Es sind tatsächlich nur die Augen, sagt der Gast. Der Junge hat große Intelligenz.

Dem Kind am Tisch ist elend zumut. Seine Krankheit hat einen Namen bekommen, jetzt ist die Krankheit wirklich geworden. Wir haben eine geschlossene Schule, sagt der Gast. Ihr Kind ist bei uns gut aufgehoben. Das Kind will nicht aufgehoben werden. Wofür soll es aufgehoben werden. Es stellt sich die geschlossene Schule vor, das Vorhängeschloß am Eingang, die verhängten Fenster, es stellt sich vor, daß es drinnensitzt, die Augen öffnet und Schwarz sieht und nicht weiß, ob es die Wahrheit sieht oder seine Krankheit. Der Gast beugt sich zum Abschied noch einmal hinab und sagt: Bis bald. Die Mutter sagt, ihr sei eine Last von der Seele gefallen, und als der Gast gegangen ist, sieht sie aus wie eine Fremde mit der lastenlosen Seele, die sie seltsam zu beschweren scheint.

Es wird still sein, wenn er weg ist, flüstert sie.

Es wird still sein wie im Sonntag und im Tod. Das Kind bummelt durch die Zimmer, als wäre es nicht mehr da, und sieht, wie kahl sie sind ohne Kind. Im Eßzimmer setzt es sich auf den Teppich, weil zum Besten des Kindes und der Gegenstände Stühle jetzt nicht mehr herumstehen können. Die Wanduhr schlägt zweimal in die Leere hinein. Das Kind macht sich Bilder aus altem Material. Silbermesser, Obstmesser, Glas und Porzellan. Im schwachen Licht glänzt der Höhlenboden. Das

Kind sitzt schon lange nicht mehr auf dem Teppich. Es steht vor der Küchentür, die abgeschlossen ist. Hinter dem Milchglas sieht es die Höhlen, vor denen es behütet wird, denn das Dunkel ist für Kinder nicht. Für Kinder ist das Licht. Keine Glocke ruft jetzt das Kind, aber ein feines Schnarchen, das von oben kommt. Das Kind geht lustlos die Treppe hinauf und robbt sich an das Geräusch heran. Auf dem Bett liegt der Vater in Hosen und Hemd, die Hände unter dem Kopf verschränkt. Das Kind atmet lautlos und flach und schiebt seine Augen über den Kopf. Das Kind macht eine Nahaufnahme von dem Vatergesicht.

Ganz in der Hand eines Traumes ist der Vater, eine Hülse voll bunter Bilder. Das Kind sieht die Bilder durch die Schläfenader ziehen, sie gehen aus den Haarwurzeln hinunter ins Auge, wo sie gesehen werden wollen. Aber der Vater schlägt das Lid und schickt sie fort. Sie wandern in die Schläfe zurück. Bilder in Röhren. Außen blau. Das Kind rückt ein bißchen näher und fragt sich, wie die Bilder von innen aussehen mögen. Der schlafende Vater, der es wissen sollte, gibt keine Antwort darauf. Wenn er aufwacht, wird er sich nicht an ein einziges Bild erinnern können, er wird sogar behaupten, es seien keine Bilder dagewesen. Das Kind, das es besser weiß, wird widersprechen müssen. Der Vater wird verärgert sein. Das Kind hockt vor dem prallgefüllten Kopf und merkt, daß seine Entdeckung niemandem Freude machen wird, am wenigsten ihm selbst. Das Kind hätte Lust, sich die Bilder zu holen. Schnell steckt es die

Hände in die Hosentaschen: die Bilder gehören nicht ihm. In der rechten Hosentasche ist die Brille, das Kind setzt sie auf. Jetzt sind die Bilder noch schärfer blau als zuvor, sie laufen auch unter der anderen Schläfe hindurch. Der Vater ruckt mit dem Kinn und macht Anstalten, aufzuwachen. Die Bilder stieben auseinander. Glas und Porzellan, dunkelblau wie der Höhlenboden. Und flach in der Luft ein Rabe. Wie ein Stein. Das Kind sieht die Bilder davonlaufen und ergreift beherzt das eine Bild, das ihm am nächsten ist, um wenigstens dieses zu behalten. Einzustecken. An den Rand zu hängen. Das Kind greift an die Hülse hin. Langsam steigt unter seinen Händen der Kopf des Vaters an, die weit geöffneten Augen noch durchtränkt von den Bildern, die schon am Verblassen sind im Tageslicht, die unwiederbringlichen Bilder, und auf einmal weiß das Kind: sie gehören ihm doch. Das Kind hämmert auf die Hülse ein, jetzt ganz überzeugt von seinem Anspruch, denn der Vater hat die alten Bilder abgehängt und schuldet neue. Und der Vater ruft, er könne es nicht glauben, er weigere sich, irgend etwas zu glauben von dem, was ihm da geschieht, und er will eine Antwort, obwohl er schon an sein Fragen nicht glauben mag, und er ruft, unglaublicherweise: Warum hast du denn deine Brille auf!

Damit du mich besser sehen kannst.

Da steht in dem Kind ein großes Staunen auf und löscht alles andere aus, alles Gesagte und Gesehene und das wachsende Begreifen dessen, was da geschieht, wischt das Kind innendrin einfach aus. Das Kind beginnt zu lächeln und hebt den Kopf, hält dem Vater das leere Gesicht mit dem törichten Lächeln hin, und auch der Vater hat ein Staunen in den Augen. Er beugt sich langsam hinab und sieht in die dicken Gläser der Brille, als blicke er nach langer schwerer Nacht in einen Spiegel und sähe mit den Augen eines Fremden zum erstenmal sein eigenes Gesicht.

Der letzte Wunsch

Alma bewegt sich in den Fluren des Hauses wie in einer unumgänglichen Lüge. Die Wände sind von dem schalen Grün, das sie wütend macht wie eine vorschnelle Geste: Es behauptet zu wissen, daß sie Beruhigung brauche. Ihre Schritte auf dem Teppichboden hört sie nicht. Am Ende des Flures dreht sie sich um. Nie ist sie sicher, die Strecke tatsächlich gegangen zu sein. Vielleicht, sagt sie zu Martha, werden wir schon lange gezogen und wissen es nicht.

Wir wissen es, sagt Martha und versenkt sich in einen Anblick. Wo sind die Inhalte für ihren Blick. Alma läßt sich zu ihr hinab und reicht ihr einen Apfel. Sie begeht solche Handlungen an ihr wie ein Unrecht; es gibt andere hier, die dies für Martha tun dürfen ohne Erinnerung und Vergleich. Wie Bogenlampen hängen sie abends über den Betten und klopfen die Kissen auf; hinter dem letzten Zimmer verlöscht ihr Lächeln. Alma versucht sich Namen zu merken. Die Helfer sind schneller als ihr Gedächtnis, wenn sie den Namen kann, ist der Mensch nicht mehr da. Sie verzeihen ihr, das Lächeln bleibt. Wir hatten uns ein schönes Haus gewünscht und einen Garten, sagt Alma und sieht in den Park. Es gibt Wünsche, die in Erfüllung gehen, sagt Martha lächelnd. Auf dem Weg vom

Teich zum Küchengarten geht Franz mit einem Korb in der Hand, geht entschlossen und aufrecht in die Kräuterbeete wie in eine Entscheidung. Franz mit dem schwarzen Blick, den die andern nie haben werden, denn die Boshaftigkeit ist nirgendwo zu erwerben für einen, der nie gehaßt worden ist.

Vielleicht, sagt Alma, ist das Wünschen eine Krankheit, die zum Tode führt.

Was wünscht sich Schwester Karla. Schwester Karla wünscht sich ein langes Leben und lacht: Sie stellen aber Fragen. Das Leben hat sie mit Fröhlichkeit gestraft. Die Fröhlichkeit steht zwischen ihr und dem Tod, eine Wand, davor das lange Leben. Sie wird in den Tod gehen wie in den Park in der Mittagspause, etwas müde, aber heiter. Den Kranken sieht sie an wie einen Gesunden, das stärkt seine Kraft. Vielleicht wird er dann so gesund, daß diese Ansicht nicht mehr notwendig ist. Schwester Karla arbeitet auf ihre eigene Entbehrlichkeit hin. Sie tut das gern. Niemandem schiebt sie Stühle unter, keinen führt sie am Arm ins Bad. Statt dessen schickt sie auf Besorgungsgänge. Handtücher holen. Vogelfutter. Langsam steigt Alma die Kellertreppen, ein Kilo Hanfsamen in den Händen. Schwester Karla sieht ihr leuchtend entgegen, die Augen voller Wissen um Almas Tapferkeit. Von der unterlassenen Hilfeleistung erschöpft, sitzen beide dann auf dem Sofa. Wie kräftig Ihr Schritt noch ist, sagt Schwester Karla bewundernd. Vielleicht, sagt Alma und schließt die Augen, wird er das bald nicht mehr sein.

Das Glück, denkt Alma, ist die Vollkommenheit des Augenblicks, das Zusammenspiel von Voraussetzung und Ereignis. Was uns geschenkt wird, muß uns passen wie eine Haut. Am Ende der Halle öffnet sich die Lifttür, Franz schiebt Martha hinaus. Unter der flaumigen gelben Decke hockt sie wie ein kleines Tier, einem Menschen sich anvertrauend in verständnislosem Staunen. Einen Tag nach Almas Einzug lehnte Franz in ihrer Tür. Ich wollte mich nur vorstellen, sagte er: Franz. Sie brauchen mich ja nicht. Lautlos rollen die Räder des Stuhles über den Teppichboden. Martha wird nicht gezogen, denkt Alma, und sie weiß nichts von ihrem Glück.

Wovon spricht der Mann dort, fragt Martha mit der Sanftheit derer, die keinen Anlaß mehr brauchen für ihre Freude. Der Mann spricht von Ländern, die Alma und Martha nie sehen werden. Alma sieht: Auch er hat sie nicht gesehen. Er zeigt ihnen Dias von Tempeln mit goldenen Dächern und Tempeln mit blauen Dächern, von Schriftrollen, Elefanten und Göttern aus Stein. Wo sind die Bettler, die sterbenden Kinder, die streunenden Hunde? Er sieht in seinem Diakästchen nach. Dort sind sie nicht. Lächelnd bedauert er. Martha schaut mit blicklosen Augen auf das farbenfrohe Land an der Wand. Was hat er gesagt, fragt Martha. Er hat es nicht gesagt, sagt Alma. Daß wir geschont werden müssen, denkt sie, denn für das Elend sind wir zu alt. Martha liebt die Hammondorgel am ersten Mittwoch jeden Monats. Wenn die Orgel schweigt, ist Stille in Martha, dann lächelt sie und schließt die Augen. Alma muß hören, sie lächelt nicht. Kennen Sie den? Alma kennt alle. Seine Witze sind älter als er, hier sind sie unter ihresgleichen und fühlen sich wohl. Zart reiben Hände aneinander, es knistert Applaus. Die Küchenmädchen bringen Tee. In ihren Erinnerungen sitzt Martha, das Gesicht vom Lächeln gefaltet, nicht vom Alter. Sie lebt ihr Leben noch einmal, und diesmal richtig, jetzt weiß sie, wie sie es zu machen hat. Aus zweiundachtzig Jahren stellt sie sich eine Stunde richtigen Lebens zusammen. Ein wertvolles Destillat. Alma sieht ihr beim Leben zu, die Hammondorgel führt sie hindurch. Neben dem Fenster an einem Tisch steht Franz und legt seinen Blick in ihren, und sie halten einander aus in einer großen schweigenden Vereinigung des Aufbegehrens. Frau Maria geht durch den Saal, geräucherten Braten auf dem Tablett, und er nimmt es ihr ab mit dem boshaften Lächeln. Von der Bühne droht die Hammondorgel mit harmonischen Dur-Akkorden. Mit ihrer ganzen Kraft verachtet Alma die Harmonie.

Einmal war sie im dritten Stock, wo die Wände weiß sind, nicht grün. Die Türen haben Nummern, sie stellt sich winzige Räume dahinter vor, Gesindekammern. Die Fenstergläser waren trübe, sie haben andere Fenster zu putzen, in ihrer Freizeit brauchen sie Abwechslung. Was tun sie dort oben, in ihrer Freizeit. Am Ende des Flures stand eine Terrassentür offen, sie sah ihn, seinen Rücken im Rahmen, auf dem Dach eine Hantel stemmen. Durch seinen Rücken lief das Leben. Sie starrte die kleine Keule an, an die er seine Kraft verschwendete, er stach sie in den Himmel hinein wie ein trotziger Verlierer. Hoch hinaus, dort oben auf dem Dach hinter den schmutzigen Scheiben.

Und Alma, in den schönen Räumen, übt die Heiterkeit, die sie nicht kann. Sie arbeitet schwer an der Vermehrung der gemeinsamen Lüge. Die Nachmittage sind leicht und süß, Zucker bröselt auf Röcke und Hosen. Draußen drehen sich Rasensprenger. Jemand spielt Mozart auf der Geige. Alma sieht in Augen, die süchtig nach Schönheit sind. Jedes Gesicht ist wohl ein Spiegel, denn der Tod macht alle gleich, und das Leben nimmt ihm die Vorarbeit ab. Warum siehst du mich so an? fragt Martha mit leisem Vorwurf. Es ist ihr Kopf, er hat Almas Knochen. Darüber liegt Almas Haut wie zerknülltes Papier. Alma starrt sich an, bis Martha die Augen niederschlägt. Etwas sucht sie, das sie nicht findet. Du weißt, ich bin ein boshafter Mensch, sagt sie zu Martha, weil die sie nicht hört. Schwester Karla tritt ans Klavier, eine Sonate von Brahms erklingt. Längst abgelebte Träume leuchten ein letztes Mal auf in den Augen; Brahms legt seinen schweren Glanz auf zwei Dutzend Vergangenheiten. Alma blickt in zwei Dutzend Spiegel und findet sich nicht.

Dankbar, wie es üblich ist, auch diesen Tag überlebt zu haben, sitzt sie, eine Lügnerin, abends im Speisesaal. Vor der langen Stille der Schlaflosigkeit nimmt sie einen Tee zu sich. Langsam geht Frau Maria von Tisch zu Tisch, ihr Blick voll Verständnis wie eine Prüfung. Vor dieser Abendminute der Wahrheit schließt Alma die Augen. Am Tag ihres Einzugs war sie in Frau Marias Büro. Zwischen Möbeln aus dunkler Eiche saß Frau Maria klein und aufrecht, von einer Spannung gehalten wie von einer Faust. Alma sah in den Augen ein süchtiges Verständnis für jede Art Verfehlung. Eine Frau wie ein ungelöster Schrei, dachte Alma. Sie hatte plötzlich den Wunsch zu fliehn. Welch ein Übermaß an Stärke hat einer, der sich die Schwäche von anderen erbitten muß. Frau Maria sprach über das Haus und den Park. Dankbar, daß diese Frau sie vor sich schützte, log Alma mit ihr. Frau Maria sah sie an und sank kaum merkbar in sich zusammen, als habe die zu große Spannung für einmal nachgegeben. Als Alma, die Klinke in der Hand, sich umwandte in der Tür, verfiel sie der Verschwiegenheit. Plötzlich wußte sie, daß sie vor einer ungelebten Tragik stand. Diese Frau war zum großen Scheitern bestimmt und hatte leben müssen. Aufrecht stand sie neben dem Schreibtisch, eine am Fallen Verhinderte. Alma öffnet die Augen. Über sie beugt sich der angespannte Körper, es flüstert: Schlafen Sie gut. Ich werde gut schlafen, sagt Alma, und aus dem Reden steigt ihr gemeinsames Schweigen, sie wenden sich voneinander ab.

Alma hört das Flüstern, wenn sie wacht in der Nacht. Über ihr geht stundenlang die Baronin behutsam von Wand zu Wand. Im Winter steht sie sehr klein in ihrem Rotfuchsmantel, als sei sie durch zu große Wärme gegangen und dabei eingelaufen. Die Baronin sammelt Doggen. Sie überwuchern ihren Raum, Doggen aus Keramik, Porzellan und Silber, Doggen auf Schalen, Kissen und Bildern, Dutzende von Doggen, die die eine Dogge nicht ersetzen, die sie hier nicht halten darf. Auf ihrem Tisch steht ein Foto im Silberrahmen. Sie sitzt auf einem Stuhl, eingeknöpft in ein weißes Kleid, Spitze wie Eisblumen um den Hals. Ihr Gesicht hält sie den Jahren hin, die es knittern und falten werden. Auf ihrer Schulter liegt eine Hand. Schwarz und gerade steht er hinter ihrem Weiß und sieht fest geradeaus. Das Leben wird abprallen an diesem Blick. Er wird ihm fest in die Augen sehen und unerschütterlich stehenbleiben. Nie wird er begreifen, was alles sie entsetzt. Das wird sie am Leben halten, was er nicht weiß. Sie weiß es schon. Sie lächelt nicht. Ihr Wissen vom Leben ist eines, das sie durch Reden nicht teilen, nur entsetzlich vermehren kann. Ihr Jawort gilt seinem Unverständnis; sie wird es halten, bis der Tod sie scheidet. Von den Gegenständen starren die Doggen, diese altgeborenen Hunde mit dem Blick, der keinem gilt. Die Baronin hat Sanftheit nicht nötig, nicht einmal Verachtung. Alma friert unter ihrer Güte, sie geht immer wieder zu ihr.

Wie schön dieses Haus ist, sagt Martha. Eingewickelt in ihre Decke, sitzt sie im warmen Sommerabend. Die Küchenmädchen reichen Getränke. Auf der Terrasse wird Schach gespielt; gedämpft ist der Ton der Gespräche. Haben wir so viel Schönheit verdient, fragt Martha. Es ist eine Strafe, sagt Alma, wir müssen schwer gesündigt haben. Morgens werden sie in die Wärme eines

Bades gehüllt. Franz trägt Martha die Treppen hinunter, sie hängt wie gewickelter Draht an seinem Hals. Getragen wird man nur in äußersten Momenten, nach der Niederlage oder im Triumph. Franz hat Martha davon überzeugt, daß es sich um Ehre handelt. Er tanzt die Treppe hinunter, ein Überwinder der Schwerkraft. Alma folgt ihm mühsamen Schritts. Im Badehaus watet er durch den Dampf zu einer Liege, es riecht nach Öl und Fichtennadel. Spielerisch hält er Martha auf ausgestreckten Armen in die Luft. Seiner Kraft ist sie zu wenig. Aus ihm will etwas werden. Vielleicht wird es aber nicht. Die Unruhe treibt ihn an Orte, die er vor Unruhe gar nicht sieht. Gestern war ich im Wald, flüstert er Alma zu. Zwölf Kilometer in einer Stunde, und über mir schrien die Vögel. Alma sieht ihn durch den Wald rennen, Franz mit dem wehenden Haar, und seine Erwartung ist jenseits der Bäume und hat kein Gesicht. Soll sie ihm sagen, daß sie ihm bleibt? Er läßt Martha auf die Liege hinab. Er wird noch viel weiter rennen müssen als zwölf Kilometer durch den Wald. Soll sie ihm sagen, daß es den Ort nicht gibt, den er sucht? Er beugt sich zu Alma hinab. Heute nacht, flüstert er, fahre ich die Honda aus, sieben Stunden, bis Dienstbeginn. Vielleicht findet er den Ort, den es nicht gibt, und die Welt ist um einen Sehnsüchtigen ärmer. Alma glaubt plötzlich zu ersticken am Dampf, durch den er geht wie durch eine Wand.

Manchmal in der Nacht sieht sie ihn vor sich, wie er lautlos durch die Gänge streicht. Er wittert die Schlaflosen hinter den Türen, dort riecht es nach Gedanken. Über die Träumer spottet er. Sie sieht ihn über den Dachfirst schnüren, er hält eine Hantel ins Mondlicht wie ein Sieger, das Mondlicht bleicht ihm die Haut.

Martha, du kennst mich seit dreißig Jahren, sagt Alma. Still sieht Martha sie an. Einmal hast du ans Wünschen geglaubt, sagt Alma. Ich würde es gerne lernen von dir, für die Dauer eines Wunsches. Martha lächelt, als sei für Alma alles schon längst gewonnen. Alma sieht in die reine Zärtlichkeit ohne Bezug und weiß, das Wünschen muß sie ohne Martha lernen. Martha ist der letzte Mensch, der sie kannte. Jetzt kennt sie keiner mehr.

Prüfend geht abends Frau Maria durch die Flure, auf der Suche nach einem Anlaß für Beistand und Trost. Ich werde ein Feuer im Kamin machen lassen, Sie frieren, sagt sie zu Martha. Martha legt den Kopf in den Nacken und sieht hinauf. Mir ist warm, sagt sie und lächelt, unerreichbar für jedes Bitten. Schmerzhaft angespannt, wendet Frau Maria sich ab. Ich lasse Ihnen Blumen bringen, sagt sie leise zu Alma. Rosen für Ihre blaue Vase. Rasch und mit heftigem Schritt flieht sie vor ihrer Nutzlosigkeit, den teppichbelegten Flur hinunter. Warum sind wir früher nicht öfter gereist, fragt Alma. Wir wären nicht glücklicher heute, sagt Martha und hat recht. Alma sieht den aufrechten Rücken weit vorne um die Ecke biegen und versteht zum erstenmal eine ihr bisher unbekannte Qual. Sie geht jetzt lange im Park spazieren, auf der Suche nach der Ruhe, um deretwillen sie in dieses Haus gekommen war. Wie gut Sie sich erholt haben, sagt Schwester Karla, leuchtend vor Vergnügen über einen Erfolg. Möchten Sie mir nicht beim Picknick helfen? Alma hebt Schüsseln und Geschirr aus dem Wagen auf die Tische aus Stein, mit dem Schwung einer Kraft, die nicht für Haushaltsgerät gedacht ist. Am Waldrand entlang ziehen langsam die schlurfenden Gänger, ein Knäuel aus Körpern in dunkler Bekleidung. Alma sieht einen rennen im Wald, er flieht mit wehendem Haar aus Haus und Park mit zwölf Kilometern pro Stunde und sieht nicht ein einziges Mal zurück. Sie atmet den Geruch der Natur ein, der ihr Gesundheit schenken soll. Hoch oben in ihrem Kopf kapituliert er vor ihrer Krankheit. Sie atmet ihn aus. Er ist vergiftet vom Wünschen.

Was tust du in diesem Haus, sagt sie. Du gehörst nicht hierher. Unordentlich lehnt er am Rahmen der Tür. Zerknitterte Hosen, verhangener Blick, die Arme verschränkt. Ich habe nichts gelernt, sagt er und grinst. Beschwörend beugt sie sich vor, als könnte die größere Nähe das Grinsen aufhalten, bevor es sich ausbreitet. Vage sieht er in eine Ferne. Er hat nichts gelernt und sieht zuviel. Für solche hat man keinen Bedarf, sie gefährden die Ordnung. Er sieht sie an. Sie sagt, du schaffst es, du hast das Zeug dazu. Er grinst nicht. Was soll ich denn schaffen? Seine Stimme ist träge. Ihre Stimme ist kühl. Sie zählt ihm auf, was er schaffen soll. Den Schritt, den Sprung, die gebügelten

Hosen. Sie sieht geradeaus und spricht das Zeug, das er hat, an die Wand. Willen, Kraft und Tüchtigkeit. Als er herüberkommt und die Hände auf die Lehnen ihres Sessels stützt, sieht sie weiterhin an die Wand, durch sein weißes Hemd hindurch. Seine Stimme ist ruhig. Das glauben Sie doch selber nicht, sagt er mit dieser Stimme, der sie nicht widersprechen kann. Sein Spott ist wie warmer Regen, dankbar und durchgeweicht sitzt sie da. Er weiß zuviel, da schafft man gar nichts. Am Wissen, das kein anderer teilt, trägt einer zu schwer. Glauben Sie an Gerechtigkeit, murmelt er über ihr. Sie sucht nach einer Antwort, die ihn spotten läßt. Sie nickt, ja, die Gerechtigkeit. Die Lüge war die richtige Antwort, er lacht. Er glaubt ihr nicht. Jemand schiebt einen Wagen mit Besteck vorbei. Es ist laut. Es ist heiß. Ein Mittag im September. Er nimmt die Hand von den Lehnen und tritt zurück. Sie sind der einzige Mensch hier, sagt er. Sie wartet auf den Nebensatz. Der einzige Mensch, der was, der wie. Er sieht sie an, ganz genau und gerade. Es gibt keinen Nebensatz. Er lächelt. Er dreht sich um und geht.

Er geht, weil sie seine Hilfe nicht braucht. Glückliche Martha, die sich im Teich die gespiegelte Welt ansieht. Die Bäume ohne Jahreszeit. Die Abwesenheit der Gegenwart. Ihr Gesicht auf dem Wasser ist ein Schattenriß ohne Alter, bei Tisch ist sie von stiller Selbstvergessenheit. Dann beugt er sich zu ihrem Körper hinunter, das Haar schlägt ihm über dem Kopf zusammen. Er entblättert ihre Finger zu einer Hand, die um eine Tasse paßt. Sie trinkt. Er lächelt hinter dem Haar. Sie kämpft nicht gegen ihre Gicht, dennoch hat er ihr zu einem Sieg verholfen. Das weiß sie nicht. Sein Kopf ist vor ihren Augen ein Schattenriß ohne Alter. Er streicht das Haar hinters Ohr zurück, ganz entblößt steht er da, und dann lächelt sie, denn sie hat ihn nicht gesehn. Alma hat keine Gicht, aber Martha hat keine Augen. Alma würde gern lachen vor Glück. Es gibt eine Gerechtigkeit, von der Franz nie erfahren wird.

Höflich vergehen die Jahreszeiten. Gleich nach der Ankunft flüchten sie aus dem Park, ihre Reste entfernen die Gärtner. Der Sommer wird geschnitten, der Herbst verbrannt, der Winter weggeschaufelt. Nur mit dem Frühling wissen sie nichts anzufangen, er ist so wenig. Im Winter haben die Gärtner Hochsaison. Schon morgens kommen sie mit Körben voller Tannenzweige; die Zweige werden an alle Wände genagelt. Alma beginnt den Gang durch den Wald der Flure zu fürchten. Mit dem Erscheinen der Tannen hat sich Begeisterung eingestellt; Alma trifft auf geheimnisvolles Lächeln und glückliche Augen. Wie pünktlich ihnen die Freude gelingt, sagt Alma. Es sind gewisse Übereinkünfte, sagt die Baronin, die uns am Leben erhalten. Nachmittags zieht ein Geruch von Gebäck durchs Erdgeschoß, auf den Teetischen werden Kerzen entzündet. Die Baronin beugt sich über den Tisch, und das Kerzenlicht legt ihr Glanz in die Augen. Immerhin geht es um eine Geburt, sagt die Baronin, sollten wir uns darüber nicht freuen? Alma sieht den Bemühungen der Gärtner zu, den Baum aufzustellen. Die schönste Tanne des Waldes wird in dieser Halle sterben, jeder hier ist stolz darauf. In einer Sofaecke liegt Franz mit ausgestreckten Beinen, den Blick auf den Wipfel des Baumes gelegt, die Teetasse wie ein Gesangbuch in den aufgeschlagenen Händen. Er hat Alma nicht gesehen, denn er ist schon lange fort, läuft in seiner Sofaecke durch den Wald und blickt nicht zurück. Ja, wir müssen uns freuen, sagt Alma zur Baronin. Was wünschen Sie sich, fragt Frau Maria, bekümmert, weil sie die Antwort schon weiß. Alma fällt der Wunsch nicht ein, der unter diesen Baum passen würde. Auch Frau Maria hat für sich erst einen erfunden; es ist ein kleiner Wunsch, und er wird geäußert, um ihr den größten Wunsch zu erfüllen: die Freude der Schenkenden nicht zu verderben. Sie wird für Alma etwas finden, Alma wird es auspacken und nicht auffallen. Sie treiben unter Gelächter auf den Höhepunkt zu, er kommt mit Kerzen und einem Kammerquartett. Im Baum glüht Gold und Silber unterm künstlichen Schnee, und Frau Maria lächelt, als sei sie glücklich. Geschwister, Kinder und Enkel sind aufgebaut wie Geschenke, und die Familien wickeln sich aus den Mänteln und glänzen. Bei einigen trifft ein verspätetes Geschenk in Form eines Vetters ein, der seinen Mantel anbehält und den Likör ablehnt. Alma hat den Wunsch nach einer furchtbaren Zerstörung. Jede Familie hat ihr schwarzes Schaf, flüstert sie und sieht sich um mit boshaftem Blick. Der es gehört hätte, ist nicht da. Vielleicht sitzt er in einer Kneipe am

Meer und trinkt Wein, die Honda steht startbereit vor der Tür. Vielleicht liest er die Nacht hindurch ein Buch, das ihm sagt, was er sich schuldig ist, und dann löst er die Schuld bei sich ein. Er sitzt nicht unter Lametta und läßt sich Krawatten schenken. Er sucht nicht Beieinandersein aus Schwäche. Alma hebt ihr Glas und trinkt auf seine Einsamkeit.

Martha hat man ein Paketchen zwischen die Hände geschoben; sie hält es geduldig fest ohne Neugier auf den Inhalt. Zwischen all dem vergänglichen Glänzen leuchtet sie unwandelbar. Alma beugt sich zu ihr hinab. Martha, sagt sie, einmal hast du mit dem Wünschen aufgehört. Ich möchte es gerne lernen von dir. Martha lächelt still, das Paket in ihren reglosen Händen knistert leis.

Advent, die Zeit der Ankunft, ist lange vorbei. Sie schaffen das zerknüllte Buntpapier hinaus und fegen die Tannennadeln fort. Die Honda steht nicht vor der Tür, das sagt nichts. Niemand fährt Motorrad im Winter. Lauschend geht Alma durch den Park; an den Spuren ihrer Schritte im Schnee vergewissert sie sich, hier gegangen zu sein. Wir dürfen das nicht vergessen, sagt sie zu Martha, das Glück liegt im Augenblick. Martha lächelt und sagt: Im Schnee. Er hat Urlaub, sagt Frau Maria und sieht Alma nicht an, als wüßte sie schon, daß sie das, was sie sehen müßte, nicht sehen will. Alma dankt ihr sehr für den Satz. Der Januar ist der Monat, den sie am wenigsten erträgt, diesen Monat der Erschöpfung nach der angestrengten

Freude. Im Februar ist die Sonne schon warm, und im März hacken die Gärtner den Boden auf. Dann kommen der Krokus und die Knospen, und die Gärtner stellen Hilfskräfte ein. Alma steht Stunden an den geöffneten Fenstern und sieht hinaus. Im Park weicht ihr Frau Maria auf Seitenwege aus. Alma lehnt in der ersten warmen Sonne lange an der Hinterwand des Geräteschuppens. Als Frau Maria aus dem Schatten des Gartens tritt, blickt Alma sie ruhig an. Langsam spannt sich Frau Maria zu einer unbekannten Größe. Er ist einfach nicht wiedergekommen, sagt Frau Maria und sieht Alma bittend an. Alma legt den Kopf in den Nacken und lächelt. Frau Maria steht im hohen straffen Bogen und hält sich aufrecht für zwei. Ruhig wendet Alma sich ab und geht zum Teich hinüber.

Martha sitzt am Ufer, lange schon versunken. Alma sucht Marthas Bild auf der Wasserfläche und findet es nicht. Sie setzt sich neben den Rollstuhl auf eine Bank und sieht in die Bäume. Still blickt Martha hinab, die Augen dunkel von Algen und Schlamm. In dem Gesicht, das einmal Marthas war, steht das Licht des Teichs wie in einem Spiegel. Alma war die Letzte, die sie kannte. Martha braucht keinen mehr, der sie kennt.

Meer

Wieder ein Sommer im Dorf, ein letzter. Diese trockene, gelbe Welt. Lustlos streift sie an Feldern entlang, da ist alles wie früher, wie vor dem Meer. Nichts darf noch wie vor dem Meer sein, auch sie nicht. Streng sortiert sie die Wiesen. Zwei Kornblumen stehen am Feldrand, sie haben Erlaubnis, dort zu stehn. So blau soll die Erde sein, blau wie das Meer. Seit einem Jahr weiß sie ums Blau. Sie ist hineingetaucht, fast bis zum Grund, und ist ein für allemal umgefärbt. Jetzt sticht sie aus dem Gelb heraus wie eine dicke Blume. Endlos ist wieder das Korn, sie watet durchs Ährenfeld, Halme rauschen. Ein Hafermeer. Ruhig schließt sie die Augen. Sie breitet die Arme aus, schwimmt durch die Wellen, die Wärme. Hier wissen sie nichts vom Meer. Herr von Walter wenigstens hat die Blumen, und Bücher, eine ganze Wand. Sie will Herrn von Walter nicht mehr besuchen, auch nicht den Blumen zuliebe, es fehlt das Blau. Sie wird Herrn von Walter nicht besuchen, nur sehen, ob die Blumen blühen. Über den Beeten stehen hinter der offenen Tür die Reihen der Bücher. Er hat sie gelesen, er ist furchtbar alt, schon fünfzig. Hat er das Meer gesehen? Er hat nicht. Sonst wäre er nicht mehr hier. Sie muß ihm das sagen, daß seinen Blumen die Farbe fehlt. Es steht nicht in seinen Büchern. Was alles nicht in den Büchern steht. Und er hat sie fast nicht erkannt. Er steht in der Mitte des Zimmers und legt ein Buch langsam auf den Tisch. Dann schiebt er die Hände in die Taschen der Hosen und wippt auf den Zehen. Wie siehst du denn aus, fragt streng Herr von Walter. Er sieht sie an, er findet heraus. Daß sie runder ist, obwohl sie kaum ißt. Herr von Walter ißt gut, man sieht ihn im Gasthof am Abend, dort sitzt er bis in die Nacht beim Wein. Der Wein hat ihm einen Bauch gemacht. Auch Herr von Walter ist nicht mehr derselbe. Er sagt nicht, die Range die Bohnenstange macht mich nicht bange. Sie nimmt zu, da paßt nichts mehr, und etwas anderes fällt ihm nicht ein. Beim Wein dann lacht er laut in die Nacht. Weil sie nicht schlafen kann, hört sie sein Lachen und was er sich so zusammenreimt. Die Sterne sind klug sie halten mit Fug von unserer Erde sich fern. Immer sitzt er nachts unter dem Laub der Bäume im Gasthof, und die Sterne liegen auf dem Meer. Sie weiß nicht, ob sie ihm das sagen soll. Sie müßte es seinem Rücken sagen. Sein Gesicht spricht zum Fenster hinaus. Weshalb kratzt du dich denn, sagt Herr von Walter. Sie zieht sich die Nägel über die Haut. Da hat sie etwas gerissen. Was weiß Herr von Walter von Ährenfeldern. Daß sie rauschen, ist nicht genug. Sie stehen ihm vor dem Fenster, was man so anschaut, kennt man nicht. Im letzten Jahr wäre sie fast ertrunken. Das Meer ist von innen gar nicht zu sehn. Ist Herr von Walter ertrunken zwischen den Ähren? Er wendet sich um. Vielleicht hast du

Läuse, sagt Herr von Walter interessiert. Sie lächelt langsam und schließt die Augen, die Läuse kriechen ihr über die Haut. Sie kratzt. Kind! ruft Herr von Walter energisch. Sie öffnet die Augen. Er weiß nicht, was man gegen Läuse macht. Sie weiß es auch nicht. Sie kratzt sich wieder. Man sollte dich vielleicht räuchern, sagt Herr von Walter. Er sieht sie an wie ein Räucherstück. Hinten im Kühlhaus hängen die Schweine an den Beinen vom Gebälk. Bevor sie sterben, schreien sie. Die Fische sterben still, mit einem letzten Sprung in die Luft. Sie glänzen dabei. Ein silberner Tod, der Tod am Meer. Herr von Walter lebt noch. Er schreit nicht. Er sagt: Und mit Kernseife scheuern und die Haare scheren! und fährt ihr wie eine Schere ins Haar, und das Haar fällt ihr auf die Schulter. Durchs Ährenfeld draußen mäht ein Traktor, und rauschend legt sich das Meer auf die Erde. Herr von Walter wendet sich ab. Was für ein Raum. Er ist voller Möbel, Herr von Walter stößt gegen den Tisch. Er reibt sich das Knie, sie kratzt sich den Arm. Auf dem Tisch singt, angestoßen, eine Schale. Man weiß es, Herr von Walter macht Musik. Wie ein Möbelstück steht auf dem Fensterbrett eine Trompete. Sie fängt sich die Abendsonne und glänzt. Ein goldener Klang. Draußen tuckert der Tod weg. Herr von Walter sieht ihm nach. Du warst nicht hier im letzten Jahr, sagt er und blickt ins tote Meer der Halme, was weiß er vom Blau. Sie schließt die Augen, sie ist nicht hier. Das Wasser kann alles, flüstern und brüllen und glänzen, Herr von Walter kann nur Musik. Die

Luft ist voll von der Heiserkeit der Möwen, sie legen sich auf den Wind. Weiß fährt der Wind sie durch das Blau. Hier stehen braun in der Luft die Lerchen. Auch Herr von Walter steht, er ist schon so alt, viel älter als das Meer. Seine Heiserkeit fliegt nicht, sie bricht in die Sätze ein, und die Sätze finden kein Ende. Sicher wirst du im nächsten Jahr wieder nicht, sagt Herr von Walter und sieht zu Boden, dort sind ihre Füße. Im nächsten Jahr wird sie nicht die von den Gräsern zerschnittenen Füße haben. Weich ist der Sand, wo die Wellen über ihn laufen, und die sind kühl. Über die Füße laufen ihr Blicke. Herr von Walter seufzt. Barfuß, sagt Herr von Walter und nimmt die Blicke fort. Jetzt ist ihr kühl an den Füßen, er hat recht. Dafür ist sie zu groß. Herr von Walter ist immer voll bekleidet, nur in der Nacht vor dem Wein sitzt er manchmal und hat eine Brust. Auf ihr trägt er ein Medaillon, sie hat es vom Fenster aus leuchten sehen. Jetzt ist sein Hals mit einer Krawatte abgebunden, und das Hemd ist so braun wie das tote Meer. Darunter leuchtet Herr von Walter. Sie sieht ihm mitten ins Leuchten hinein, und da fährt er mit seiner Hand darüber und wischt es weg. Sie erschrickt. Seine Stimme ist laut. Mit der Stimme sagt er: Kinder gehören nachts ins Bett! Zwei Jahre sind lang, jede schlaflose Nacht ist kürzer. Herr von Walter ist einmal lustig gewesen, seine Lustigkeit hat die Zeit gefressen. Jetzt geht Herr von Walter heftig und böse herum. Seine Hand liegt am Krawattenknoten. Seine Schuhe knirschen wie der Kies. Unter dem

Baum war er stehengeblieben. Im Medaillon hatte er den Mond, und er suchte ihn oben in den Zweigen. Lange hat er ihn dort gesucht. Einmal hat er gelächelt, als hätte er ihn gefunden. Dann ist er zum Gasthof zurückgegangen. Jetzt geht er zum Fenster und dreht sich um. Aufgefressen von der Zeit, sieht Herr von Walter sie müde an. Vielleicht hätte sie ihm das sagen sollen, das mit dem Mond auf seiner Brust. Aber wenn er dies schon von ihr weiß, daß sie nicht schläft, dann weiß er das auch. Er lehnt mit dem Rücken am Fensterbrett. Hinter ihm ist der Himmel in diesem Moment wie das Meer, jeder Abend hat eine Meerminute, so blau. Darinnen die Lerche. Und hinter dem Kopf von Herrn von Walter schwimmt schon der blasse Mond auf dem Wasser des Himmels, und er sieht ihn nicht. Er sieht nur sie und streicht sich über die Stirn, wie um was zu verscheuchen. Das Abendlicht macht ihn ganz dunkel und schwer, bis er wie ein Pfahl im Wasser steht, und auf seinem Kopf schlägt die Lerche. Das Meer steigt an. Da geht sie nach Haus. Wenn die Dunkelheit kommt, ist das Meer für Kinder gefährlich. Es rauscht in den Bäumen, im schönsten Baum hängt der Mond. So hat er ihn also doch gefunden. Sie beugt sich weit aus dem Fenster, weiter als in den Nächten zuvor, aber er sitzt nicht an dem Tisch. Dort wird er vielleicht nie wieder sitzen. Sie breitet sehr langsam die Arme über das Fensterbrett aus, ihr Kopf schlägt auf Blech. Es ist nicht der goldene Klang der letzten Sonne, den Herr von Walter jetzt aus der Trompete holt. Sie liegt auf dem Fensterbrett wie auf dem Wind. Er trägt sie weit. Sie ist schon drüber. Das Meer in der Nacht ist gefährlich, sie weiß es: Sie hat Herrn von Walter ertrinken sehn. Jetzt spielt er dort unten. Aber sie ist schon drüber.

Eilzug

An einem Nachmittag um drei steht im Bahnhof des Vororts ein Mann und fällt auf. Der Mann ist groß und mager und scheint aus früheren Zeiten übriggeblieben. Der Umstand, sich fortbewegen zu müssen, hat ihn auf diesen Bahnsteig gezwungen. Im Wald hätte er sich wohler gefühlt. Es ist etwas in ihm, das nicht zusammengeht und in der Stadt auseinanderfällt. Vielleicht ein Wissen oder eine Erfahrung, für die keine Verwendung besteht unter Menschen. Das Wetter und die Arbeit im Freien halten ihn wohl notdürftig bei sich. Schon kommen ihm auf diesem Bahnsteig alte Unbehaglichkeiten wieder; er tritt von einem Fuß auf den andern und lockert seine Handgelenke. Gelegentlich wagt er einen Blick; was er auf dem Bahnsteig sieht, macht ihm wenig Mut, weiterzuschauen. Er hat seine schlaffe, abgenutzte Aktentasche an sich gepreßt und die Linke um ein Handgelenk geklammert. Dort hält er etwas, das aussieht wie ein Kind im weißen Kleid. Die Gestalt übersieht die Hand, als wäre sie gar nicht da. Sie hat ihr das Handgelenk allenfalls kurzfristig überlassen, in einer Regung von Gutmütigkeit, die ihr schon wieder lästig ist. Sie legt den Kopf zur Seite und prüft mit geübtem Blick die Umstehenden auf eine Bedeutung, die nur ihr bekannt ist, und verwirft sie allesamt ohne ein Anzeichen von Bedauern. Der Mann ergreift das Handgelenk fester und ruckt ein bißchen an dem daranhängenden Arm; der Ruck kommt bis zur Achselhöhle und läuft da irgendwo ins Leere. Inzwischen ist von links ein anderes Mädchen nähergekommen. Es zeigt Interesse für den Haufen Kies, der vor einer Holzkiste liegt. Ein dickes Kind in einer rosa Hose, das im Kies herumtapst und sich an dem Geknirsch erfreut. Als es merkt, daß ein Kind sich ihm und seinem Spiel zuwendet, sieht es auf und lacht. Die andere lacht nicht. Sie geht, wie einer auf Dachfirsten geht: geradezu auf ein Ziel, das nur er sieht, und ungefährdet über den Abgrund. Im Kieshaufen steht das Kind und hält ihr lächelnd eine Handvoll entgegen. Sie wirft nicht einen Blick darauf. Mit ihrem gleichmäßigen Schritt geht sie in den Kies hinein, bleibt stehen und schiebt ihre Rechte ruhig in Richtung des Kopfes hinauf. Das Kind macht einen Schritt nach rückwärts und stößt mit lautem Geräusch an die Kiste. Bestürzt starrt es die Hand an, die sich ihm nähert und auf einmal nicht weiterkann. Von hinten zerrt der Mann an dem Körper; dem Körper scheint das egal zu sein. Ein Stück weit fliegt er nach rückwärts und schnellt gleich wieder vor. Die kindliche Gestalt hängt dem Mann an wie ein Gummistück, was ihr ein gewisses Vergnügen gibt. Langsam zieht sie die Lippen von den Zähnen und legt statt der Hand den Blick auf das entsetzte Kind. Der Blick besteht aus einer farblosen Masse, die wie Wasser ist. Dahinter der Strudel: etwas, das gefüllt werden will und nie zu füllen ist. Der Blick zieht ein paar Menschen an, die gar nicht in die Szene gehören. Von irgendwoher erscheint die Mutter des dicken Kindes in einer ihr selbst nicht erklärlichen Unruhe und nimmt ihr Kind an der Hand. Es kommt der Zug. Alle steigen ein. Sie setzt sich auf einen Fensterplatz und scheint drinnen in sich zu lächeln. Findet da irgend etwas an Erinnerung oder Erwartung und hütet sich, es mitzuteilen. Sie lauscht dem nach, bis es unverlierbar seinen Platz in ihr gefunden hat, und wendet sich mit gutmütiger Höflichkeit den anderen zu. Sie erzählt dem Waggon, sie sei sechs Jahre alt, und legt ihre Augen jedem einen Moment ins Gesicht. Die Augen verraten sie: sie lügt. Sie weiß genau, daß sie um vieles älter ist als alle andern, und daß alle andern das nicht merken. Der Versuchung, ihr Wissen ein bißchen auszuspielen, widersteht sie dann. Sie hat ein Erlebnis gehabt. Es scheint ihr viel zu bedeuten. Sie hat sich etwas zurückgezogen in sich und plaudert von Bilderbüchern. Erleichtert von ihrer Bereitschaft, sich ihrem Alter entsprechend zu geben, sitzt der Mann auf seinem Platz und wagt sogar einen raschen Blick auf die ihm gegenüber Sitzenden. Sie erzählt eine Geschichte von einem Bären, die so unverständlich ist, wie alle andern das von einem Mädchen ihrer Größe wohl erwarten dürfen. In dem Mann hellt sich etwas auf, das vorher unbemerkt im Dunkeln gewesen war; er hat in der Tat die Kühnheit, ein wenig zu lachen. Sie bringt ein Kaninchen in ihre Erzählung hinein und zögert einen Moment vor dem Vorrat an

Ideen, bis sie sich als zusätzliche Ausstattung für einen Adler entschließt. Der Mann wird richtig froh darüber. Für ihre lebensechte Vorstellung hat sie Lob verdient; aufmunternd sieht der Mann sich um, ob ihm nicht einer zu Hilfe käme. Es kommen mehr, als er erwartet hat. Man freut sich über das lustige kleine Ding. Man beginnt sogar Fragen zu stellen, nach der Schule und den Geschwistern. Sie gibt ein paar der hübschen Antworten, die man von ihr erwartet hat. Damit ist ihre Gutmütigkeit aber schon ziemlich aufgebraucht. Sie gähnt ein bißchen in sich hinein, wird ganz rund und hohl dabei und schweigt verstimmt. Der Mann setzt sich gerade und greift nach ihrem Handgelenk. Hinter ihren Augen ist das Saugen wieder da; es hat sich an einem Gegenstand festgehängt, der vor der Waggontür liegen muß. Der Mann zieht wie zur Probe an dem Arm in seiner Hand und legt seine Aktentasche sorgfältig parallel zu den Schenkeln. Sie hat plötzlich etwas um den Mund. So etwas wie eine Voraussicht von Ereignissen, die ihr schon jetzt Verachtung eingeben. Sie scheint zu überlegen, ob sie die Ereignisse beschleunigen soll und entschließt sich dagegen. Der Mann erleichtert sich ein wenig und sinkt im Rückgrat ein. Da hält der Zug. Es fällt ihnen beiden gleichzeitig ein, daß sie dort auszusteigen haben. Sie stoßen die Waggontür auf und springen vom Trittbrett herab, und das tun sie wie Leute, die sich mit dem Unumgänglichen nicht über Gebühr belästigen wollen. Dann rennen sie den Bahnsteig entlang im selben Schritt, es wehen ihre Haare.

Wandelhalle

Alt ist die Stadt, in die man reist, um jung zu bleiben. Ihre Gebäude, über den Quellen erbaut, haben Kriege überlebt. Gelassen bieten die Putten ihre schönen Körper dar. Wer mit ihnen lebt, beginnt zu schweigen, wenn nicht zu hoffen, denn das Maß der Zeit gilt nicht für die Dinge. Im Lesesaal flüstern in allen Händen die Zeitungen; es erscheint nicht ausgeschlossen, daß sie lügen. Die Stadt ruht im Schutz der sanften Hügel. Bei Gefahr wird sich der Himmel über ihr schließen, das darf geglaubt werden.

Wer Kind sein muß in der alten Stadt, lernt, daß die Hoffnung dem Jungsein gilt und daß Jungsein nicht Kindsein bedeutet.

Unter ihrer Kuppel aus Glas liegt eine der Quellen, aufgebahrt zwischen Blumen wie eine Gestorbene. Aber sie kommt aus allen Rohren, sprudelnd vor Lebendigkeit. Nicht jedem ist so viel Leben verordnet. Zwischen zwei Gläsern schwenken die Brunnenfrauen den Sprudel durch die Luft und machen ein stilles Wasser aus ihm. Die Trinkenden schreiten auf Sisalläufern. Von den Arkaden fließt der Efeu. Vorn am äußersten Rund der Halle sitzt eine höfliche Musik. Ihre Spieler spielen nicht mehr ums Leben, doch immerhin noch aus der Erinnerung. Älter als sie aber sind die

Palmen, die Lampen, die Inschriften auf den Wänden. Kaiser und Könige haben die Stadt besucht und ihre Namen an allen Ecken hinterlassen. Der Park, nach einem von ihnen benannt, ist nicht unsterblich wie sein Name. Wärter behalten im Auge, was sich bewegt. Die Kinder lernten für ihr Leben, daß man Rasen nicht betritt und daß der Sand der Wege geheiligt ist und für die Füße der Gäste bestimmt.

Behütet von Ketten und Wärtern, spielt im Sommer draußen das Orchester. Die Gäste sind bei Smetana und Dvořák unter sich. Wer am Park wohnt, lebt mit der pünktlichen Schwermut der Musik und leistet ihr keinen Widerstand mehr. Über die Hecken spähten die Kinder. Uneinsehbar war die Wandelhalle, der Ort der Alchimie, wo mittels Wasser, Spaziergang und Konzert aus alten Menschen neue wurden. Nach Beendigung des Zaubers eilten die neuen Menschen zum Abendessen. Die Kinder fanden sie unverändert. Die Kinder schwiegen gewichtig. Manche von ihnen verbrachten die Nächte auf Wohnzimmersofas und stahlen sich zu Zeiten des Konzerts in ihr vermietetes Zimmer. Unruhig sind die Sommerabende, die in keine Nächte münden. Früh schließen die Cafés. Durch die Gassen ziehen kleine Gruppen auf der Suche nach einem Ziel. Einmal im Monat werden im Garten Lampions gehängt, dann hat das Leben der Stadt für einen Abend seinen Ort. Andere Musiker werden geholt; ihr Spiel ist fremd und reißt die Nacht auf wie das bengalische Feuer in den Arkaden. Nach zwei

Stunden treibt ein Feuerwerk die Menschen aneinander; über ihren Köpfen explodieren Sterne und verglühen. Schon nehmen die Gärtner die Lampions von den Bäumen. Hinter den Fenstern verlöschen die Lichter. Der Schlaf der Menschen ist unverstört, und wer wachen muß, tut es im Dunkeln. Niemand steigt auf einen der Hügel, um Raum zu haben für seinen Schrei. Und vielleicht ist hier der Raum auch nirgendwo gegeben, und die anderen Hügel und das Tal schlügen jeden Schrei zurück in den Mund.

Die Spielbank hat Geschichte und Geheimnis. Den Bewohnern der Stadt ist sie verschlossen, weil das große Glück wie der Ruin der Anstrengung bedürfen und nie vor der Haustür zu haben sind. Die Kinder umschlichen die großen Autos und lernten, hinter Bäumen verborgen, was Mode war bei den Frauen von Welt. Im Park hing der Duft von Parfum. Wenn es spät war für die Kinder, war es noch immer früh für das Haus. Die Kinder trotteten davon, beladen mit ungeheurem Versäumnis. Jahrzehnte später betritt das erwachsene Kind das verbotene Haus. Es gibt seinen Paß, der auf einen anderen Wohnsitz lautet, ab wie ein Betrüger. Aufgeregt läuft es durch die Säle. Im Glanz der Lüster funkelt Straß. Die Kleider der Frauen sind knapp aus der Mode. In rastlosen Händen klappern Jetons; Filz von schreiendem Grün ruft zu den Tischen. Faites votre jeu. Das Kind wird sein Spiel in dieser Stadt auch jetzt nicht machen. Es bleibt stehen bei einem Roulette. Die Kugel durchläuft das Rund und fällt das

Urteil, eine Zahl. Über die Tische sinken Schultern wie erschlaffte Gummibänder. In dem Kind ist, wo ein Traum gewesen war, eine große Leere. Es wendet sich ab und will das Haus ein für allemal verlassen. Das Haus aber hat den Betrüger erkannt und nimmt ihn in Haft. Das Kind starrt hinaus in die Regennacht. Man hat ihm den Mantel gestohlen.

Die Stadt hat der Traum zu sein für ihre Träumer. Sie gibt ihnen, was sie verlangen, die Zeichen des unendlichen Lebens. Blumen werden verschwendet wie im Märchen. Ein Trupp von Gärtnern ist hinter dem Welken her und ersetzt es durch Blühen. Spät am Abend in einem verschämten Moment fallen die Wasser der Springbrunnen in sich zusammen und schweigen. Keine Kirchenuhr stört den Schlaf. Schilder mahnen: Bitte Ruhe! Heilbad! In der stillen Nacht der Stadt kann gelernt werden, daß die Abwesenheit von Geräuschen niemanden von der Unruhe heilt, und auch, daß die Unruhe selten ist wie alle großen Werte und mit Bewegung nicht verwechselt werden darf, vielleicht aber mit Untröstbarkeit.

Das Bild der Stadt, das um die Welt geht, ist die Trauerweide vor dem Halbrund eines Gebäudes. Die Finger der Weide kämmen den Fluß. Der Fluß fließt aus dem Bild hinaus. Hinter dem Bild trägt er ein Dampfschiff durch die Auen zur Saline. Durch Reisigbündel tropft dort die Sole; gegen den Sommertag steht steil die kühle salzige Luft. Einmal hatte das Kind das Glück, die Grenze zwischen den Elementen zu finden. Hatte in der linken Hand Sonne, in der rechten Hand Salz. Einmal hatte es das Glück, zurück in die Sonne gerufen zu werden. Als es im Spätherbst wiederkam, fand es die Grenze nicht mehr.

Wer hier jung sein muß, zählt die Zeit, die aus Saison und Winter besteht. Die runden vollen Jahre sind woanders. Der Himmel über dem Tal fliegt südwärts fort. Im Bahnhof enden alle Züge. Die halberwachsenen Kinder saßen auf gepolsterten Stühlen in der Verbannung der Cafés. Sie wurden Experten für Torten, für Spott und Resignation. Begleitet von Klavier und Geige, versanken sie in vage Zukunft, kleine Greise ohne Vergangenheit. Die Gäste bestimmten die Filme im Kino, das Schauspiel und den Tanz. Unbehaust lehnten die Kinder abends vor den Türen und wurden früh ins Bett geschickt. Jahre zu spät erreichte die Stadt eine Botschaft aus der Welt. Die Kinder trugen die Schuhe an den Senkeln verknüpft auf den Schultern und steckten sich Blumen ins Haar. Eine kleine Welle von Buntheit lief durch die Straßen. Die Stadt zeigte, daß sie groß sein kann. Sie zeigte es in der Empörung. Den Kindern wurden die Cafés, die sie schon lange nicht mehr betraten, verboten. Vor der Eisdiele auf dem Pflaster saßen sie, der Abgrund der Stadt, und sangen: Easy Rider.

In den Sälen aus Samt und Gold ist die andere Musik zu Hause. Sie war mit den Mauern beim Bau dort eingezogen, ihr Hausrecht gilt für alle Zeiten. Sie zieht sich geduldig ihre Hörer heran. Unaufhaltsam wachsen diese in Jahrzehnten hinein in die Musik wie in die Hemdblusenkleider, die weißen Hüte und die Mäntel aus Popeline. Wer viele Jahre kam und eines Jahres ausbleibt, wird erwähnt, doch selten vermißt. Schon wohnt ein anderer Gast in dem Zimmer. Die Stadt wird auch ihn bei seinem Namen nennen und ihn täuschen, wie er es wünscht. Denn er ist nicht gekommen zu lernen, daß mit dem Einzelnen gerechnet wird, daß aber nur die Gesamtheit zählt.

Das Ende der Saison kommt mit einem letzten Leuchten. Großartig steht der Herbst auf den Hügeln. Die Stadt, abgegriffen von fremden Händen, sieht müde aus. In den Hotels und Sanatorien wird der Sommer ausgekehrt. Die Parkbänke werden eingeholt. Die Lüster in den Sälen liegen wie ausgeschüttetes Glas am Boden und werden poliert. Über Nacht zieht die Stille ein in den Straßen. Die Bewohner haben jetzt fast eine eigene Stadt, von der man sagen könnte: das ist meine. Die Kinder schlagen die Jackenkragen hoch und blasen sich in die Hände. In der Eisdiele werden Teppiche verkauft. Der Himmel über dem Tal ist im Grau nicht zu finden. Die Kinder zählen die Jahre, die sie von der Welt noch trennen. Sie werden die Stadt im Winter verlassen, mit leichten Herzen. Die Kinder der Stadt leben überall, sind nirgends Gast, nie fremd und nie zu Hause. Zurückkehren aber werden sie im Sommer, um in den Gärten und Cafés ihre Sehnsucht wiederzufinden. Die Stadt ist das Haus ihrer Gedanken geworden, der eine für immer unveränderbare Punkt in der Zeit.

Die neuen Kinder aber kratzen den Sand nicht von den Wegen, spähen über keine Hecken und glauben nicht mehr, die Wandelhalle sei der Ort, an dem die Menschen sich wandeln.

Phönix

Er hockt im Baum und äugt hinab. Auch diesmal haben sich Menschen versammelt; sie starren zu ihm hinauf. Kopfbewegungen wie Wellen rollen unter ihm hinweg; er, dort über dem Menschenmeer, wiegt sich, als ginge er in den Schlaf. Er scheint etwas verzögern zu wollen mit seinem Wiegen. Schon werden einige ungeduldig. Es ist nicht dieses zitternde Tier, zu dem sie gereist sind. Man hat ihnen eine Botschaft versprochen, das Zeichen ihrer Unsterblichkeit. Purpurrot sitzt die Botschaft im Baum und sieht sterblich aus: dieser hat Angst. Er preßt die Flügel an den Leib. Auf den Gesichtern steht ein Verachten. Man will Größe sehen und sieht Kreatur. Jetzt verrenkt das Tier den Hals wie zum Auftakt einer Handlung. Hinten setzt ein zögerndes Verhöhnen ein. Noch könnte jeder von ihnen in jeder Sekunde tot zu Boden sinken. Der Vogel dehnt langsam die Flügel, gemäht fallen Blätter und Zweige. Ein Schauer geht durch die Menge. Sie wollte Größe sehen. Sie sieht sie.

Er hat Angst. Seine Angst hat die Zeit nicht aufhalten können. Ein Plan ist in seinen Eingeweiden angelegt von Urzeiten her; der Plan bestimmt den Zeitpunkt, den Ort, der Plan befiehlt das Sammeln der Hölzer, und er sammelt sie. Er sieht hinunter zu Boden, auf das vieltausendfache Menschliche dort. Ruhig spannt er die Flügel aus und überläßt seinen plumpen Körper dem Willen, der nicht sein eigener ist. Was er tun muß, tut er seit Jahrtausenden mit der Unbedingtheit, zu der er bestimmt ist. Untergehen, um aufzusteigen.

In der Kraft der gemeinsamen Erwartung sind sie ein einziger großer Mensch. Dieser Mensch steht reglos in seiner Stille, als stünde er im Tod; er könnte einen Berg versetzen und wartet auf ein Zeichen. Im Zentrum der schwelenden Hölzer windet sich das Tier. Lautlos, als ließe das Erstaunen über die Qual den Schrei nicht zu. Der Geruch nach versengtem Fleisch und Gefieder macht einigen Übelkeit. Ein erstes verärgertes Murren wird laut. Das Tier möge sich beeilen. Die Vorderen wenden sich ab vor Geruch und Anblick, dieser Zumutung. Die Größe erweist sich jetzt als Nachteil. Das will lange und ausführlich brennen, was zu schreien nicht fertigbringt. Gehalten von der Erwartung, harren sie aus, keiner fällt. Er wird aufsteigen aus den Flammen vor ihren Augen, so ist es verkündet worden. Er verbrennt. Und er steigt auf.

Jetzt kommt der Schrei. Er kommt von ihnen. Sie fallen einander in die Arme. Einer ist aus den Flammen neu geboren worden, man hat es gesehen. Das braucht ihm keiner nachzumachen: daß es dieser kann, genügt. Für die Dauer einer Stunde beherrschen sie die Zeit. Wer sich Jahrzehnte vor der Herrschaft der Minuten beugte: jetzt will er sich mit der Ewigkeit rächen. Sie trinken auf ihre

Unsterblichkeit. Sie trinken viel. Über der Ebene liegt der Klang der aneinandergeschlagenen Becher.

Ein Stück weit flußabwärts hockt am Ufer der Vogel auf einem Stein. Mit trübem Blick sortiert er seine aufs neue gewachsenen Federn. Die wird er, ein wahrhaft großer Verschwender, geizig und einzeln hüten, bis seine Stunde wiederkommt. Er blinzelt ins Licht, als wäre es das erste, das er sieht. Er findet sich schwer in sich hinein. Die noch nie benutzten Federn sind verklebt von Asche und Schleim. Verwundert sieht er sie an. Er öffnet den Schnabel und sieht vor sich hin. Langsam setzt er sich in Bewegung. Flußabwärts, der Bauch schleift im Ufersand, den aus dem Innern abgezogenen Blick ohne Schärfe ins Weite gerichtet. Mühsam durchpflügt er den Schlamm, getrieben von einem sanften Verlangen nach etwas, das ihm gemäß sein könnte. Vor seinem im Sterben noch verweilenden Blick verschwimmt ein Baum zum grünbraunen Mal: ein Strich, der ihm nichts zu sagen hat. Er schleppt sich vorbei.

Irgendwo in dem Vogelleib ist etwas, das sich erinnert. Es erinnert sich an einen Zwang, der Qual bringt und Müdigkeit. Das seit Urzeiten Wiederholte hat ihn sich langsam zugeschliffen, aber da ist etwas, das noch nicht bearbeitet ist. Er bleibt stehen und lauscht, und der schwere Leib sinkt langsam in den feuchten Sand. Und aus dem Rest an Vogelinstinkt steigt still ein Sehnen auf nach der einzig unwiederholbaren Handlung. Sein Schicksal sitzt als tiefer Haß gegen sich in ihm:

dort wartet sein Tod. Er legt den Kopf zurück und sieht zur Sonne hinauf. Ganz hoch oben, dort verbrennt sie. Aufsteigen, um unterzugehen.

Er schläft nicht hinter seinen Lidern.

Als nicht eintrifft, was das Zeichen ihnen versprochen hatte, machen sie Jagd auf ihn in allen Ländern, um den zu töten, der den Tod nicht von ihnen genommen hat. Manchmal suchen sie mit den von Händen beschatteten Augen den Himmel ab, und der ist leer. Als die Letzten, die ihn gesehen hatten, im Sterben liegen, lächeln die Jungen und sind für ein paar Generationen gerettet vor dem Wahn. Die ihm dann wieder verfallen möchten, suchen lange das Ufer und den Himmel ab nach den purpurnen Federn, und während sie in die Sonne sehen, sinken ihre schweren Körper langsam in den feuchten Sand.

Inhalt